大学の
学部・学科が、
わかり
すぎる本

38学部のすべてを網羅！

みすず学苑中央教育研究所

はじめに

行きたい大学は、決まりましたか？

「ノー」と答えた皆さんは、受験勉強に身が入らないでしょう。受験生に迷いは禁物です。迷えば迷うほど、焦れば焦るだけ、目前の勉強に集中できないものです。

では、志望校とは、どう決めればいいのでしょうか。

結論から言えば、「志望校とはとりあえず決めるもの」です。志望校や行った大学が、一生を決めるものではないからです。

将来、どういう道に進みたいか、何になりたいかも分らない人に、一生の方向性を決めろというのは、そもそも無理な話です。サラリーマンやＯＬ以外にも、将来の道はたくさんあるのです。たくさんあるから迷うのでしょう。アーティストになったり、自分で会社を作ったり、突然医者になりたいとか、選択肢はいろいろです。

すでに、「自分は将来こうなるんだ」と、決めている人は問題ないです。しかし、自分は将来何をしたいか、それが分からない人も多いのです。それなのに、「将来、どういう方向に行きたいのか」と言われても、決めようがありません。決めようがないのに、決める必要はないのです。しかし、何かを決めないと、前へは進めません。だから、志望校や進路とは、とりあえず決めるものなのです。

とは言え、「とりあえず」決めるには、３つの原則があります。

ひとつ目は、理科系にするか文科系にするか、とりあえず大きく決めます。数学や物理が好きなら理科系、国語や社会が好きなら文科系です。

理科系に行ってから、文科系に変わる人もいれば、文科系から理科系に変わる人もいます。圧倒的に、前者の方が多いですが。大学在学中や社会に出てから、やりたいことや行きたい道が決まり、その時点で、方向転換した人たちです。そこから、勉強して成功した人も、世の中にはたくさんいるのです。

ふたつ目は、とりあえず、なるべくいい大学に行くことです。なるべく偏差値の高い、定評や歴史のある大学を目指すのです。それは、なぜでしょうか。

少なくとも、一流大学に行く人は意志の力が強いです。ムラ気や遊びたい心、誘惑に打ち勝ち、目的をやり遂げた人です。また読解力や要約力、論述力や知的寛容性のある、優秀な人が多いです。それが、人間の価値を決めるものではないですが、物事を投げずに、やり遂げる人が多いと言えます。実際、東大を出た人に、東大の何がよかったかを聞くと、ほぼ１００％が「友達がよかった」と言います。

東大生は、ひとつのことを志し、やり遂げた頭のいい人が多い。だから、文科系でも理科系でも、基本的に皆さん優秀です。卒業後は、各界のリーダーになったり、価値ある活動をしてる人が多いです。むろん、余計なプライドが邪魔したり、燃え尽きて、落ちこぼれる人もいます。しかし、それはわずかな数です。基本的には、優れた人に囲まれ、人生観を語り、職業観や結婚観、社会観を語り合うことに、大きな意味があるのです。なるべく、優秀な人のいる中に飛び込み、見つめた将来の道は、ある程度次元の高い道です。優れた思考や価値観をぶつけ合うことで、自分のレベルが上がるのです。特に、10代や20代は、友達環境に大きく影響されます。

人との出会いや環境、読書や旅、仕事で見たものや体験で、インプットが蓄積されます。それで、はじめて、自分の人生の指針が決まるのです。だから、とりあえず、なるべくレベルの高い、優秀な友達がいて、磨かれる所に行くべきです。

3つ目は、とりあえず、どの学部に行くかです。確固たる進路が決まってなければ、つぶしの効く学部がいいでしょう。法学部や経済学部、経営や商学部は、つぶしが効きます。文学部や心理学部は、興味はそそりますが、つぶしはあまり効きません。会社に行く場合は、人事部に配属されることが多いです。しかし、これも絶対ではありません。あくまでも一般論です。また国際教養学部や社会○○学部という、保護者にはよくよく分からない、ボンヤリした学部が人気なのも、進路がはっきりしない学生が多いからです。ですが、法律が分からないと、社会の枠組みが分かりません。法律文に慣れることも有意義なのです。法学部は、公務員など、どんな分野に進んでも役立つから人気なのです。つぶしが効くとは、そういうことです。次に人気なのが、経済学部や経営、商学部です。これらも、社会の枠組みが学べるので、つぶしが効きます。グローバルやミクロの経済を学ぶのが、経済学部です。経営や商学部は、より具体的に会社や、ビジネスの基本を学べます。しかし、実際には、経済学部に所属して経営、商学部の授業や、単位が取れる大学も多いのです。逆の場合もあります。また、学生が勝手に聴講に行っても、叱られることはないです。大学にもよりますが、途中で興味が湧き、転部することも可能です。法律や経済、経営、商学のような、面倒くさいものは、大学に行かないと、なかなか独学では学べません。しかし、大学で面倒な基礎を学べば、自分で学べるようになるのです。日経新聞を普通に読めれば、一人前です。

このように、全ては、とりあえず決めればいいのです。

本書では、学部や学科の説明をしてますが、パラパラと見て、とりあえず選ぶ参考にすればいいのです。どの学部や学科も、魅力的に紹介されてるので、読めば読むほど、迷いが起きます。その分、受験勉強に身が入らなくなります。だから、アバウトに、パラパラと読んでください。学部とは、とりあえず行く道の、入り口に過ぎないのです。途中で、いくらでも方向転換できるのです。大学は、学問の基礎を学び、自分の可能性を広げるために行きます。むろん、他にも、行く意味は色々ありますが…。

その可能性を、どうするかは、自分次第なのです。

ところで、「この学部の、この先生に学びたい」と思って、大学や学部を選ぶのは、いいように思われますが、あまり勧められません。いざ入学したら、その先生が、一年後に退官したり、別の大学に移ったりするからです。こんなことは、よくあることです。その先生に学びたかったら、聴講に行くなり、直接会いに行けばいいのです。私も、ＩＣＵの大学院と、國學院の学部と、大学院に聴講に行きました。それぞれ1年間学び、本当に有意義でした。学びに行って、断る先生は一人もいませんでした。

どの先生に学ぶかより、あくまで自分が、何を学びたいかが大切なのです。その情熱があれば、どんな先生も受け入れてくれます。それが、普通の大学教授の姿勢です。大学教授とは、研究者であると同時に、教育者でもあるのです。このことは、米国のジュリアード、英国のロイヤルミュージアムロンドン大学、オックスフォードでも同じでした。私は、これらの大学に、色々なジャンルで聴講に行き短期間学びました。先生方と親しくなり、その後も聞けば何でも教えてくれます。これが世界の大学の共通認識なのです。もっと視野を大きく、広く持ってください。このように、大学とは、基礎学問を学ぶ教育の場です。それで、レベルの高い大学に行くほうが、環境や先生の質、友人のモチベーションも高く、転部や聴講も容易で、就職にも有利なのです。

ところで、学部や学科と将来が、一致しない実例はたくさんあります。

たとえば、東大経済学部を出て警察官僚になり、衆議院議員になった亀井静香さん。また、東大の文学部を出て、起業家になったのがホリエモンです。同じく、東大の文学部を出て、衆議院議員になったのが原口一博さんです。また東大医学部を出て、小説家になったのが、森鴎外や安部公房、宗教学者になったのが、島薗進さんです。また、大阪大学医学部を出て、漫画家になったのが手塚治虫です。多摩美の油絵科を出て、森昌子や小林旭のマネージャーをしてた人もいます。まだまだあります。早稲田の建築学科を卒業し、1級建築士になったり、トーナメントのプロゴルファーになった人もいます。大阪大学の工学部を出て、大学院まで行き、ポップスのバイオリニストになった人もいます。みんな、私の知り合いです。皆さん、ユニークで賢く、いい人生を送っています。そして、皆さん受験で頑張ったことは、全く無駄にはなってないのです。本人たちがそう言ってました。

私も、大学受験の頃は、文学部志望でした。しかし、父親から、無理矢理経済学部に行くように言われ、ケンカして経済学部に行きました。しかし、今では、本当に、それでよかったと思います。父親は正しかったです。

文学は、学校を出てなくても学べます。小説家にもなれます。

松本清張は小学校卒、吉川英治や長谷川伸は、小学校中退です。「苦役列車」を書いた西村賢太は、中卒です。文学部でなくても、作家にはなれるのです。

私は経済学部ですが、文学への憧れは捨てられず、俳人、歌人、詩人、作詞家、小説家、評論家、随筆家でもあります。日本ペンクラブの会員で、著述家として、320冊の本を書いています。大学は5つ出ています。美術を極めたいと、35歳から絵を始め、それを極めるために、中国の清華大学美術学部の大学院に入学し、博士号を取りました。3年かかりました。また、40歳から声楽を始め、44歳から音楽理論を学び武蔵野音大特修科を卒業しました。それから、オペラを極めて、修士号をとるために、オーストラリアの2大音大の大学院に入学しました。ここで、3年間学び修士号をとりました。それから、中国の浙江大学大学院で、日中の仏教交流史を研究し、6年かけて博士号を取りました。清華大学も浙江大学も、文学博士号は50代で取得したのです。中国では清華大学、北京大学、浙江大学の順で、トップ3の大学ランクです。6つ目はロンドン大学の博士課程ですが、これは忙しくて、なかなか論文が完成できません。それで、まだ卒業できないのです。やはり、50代でやるべきでした。60代や70代では、社会的にも、体力的にもきつ過ぎます。私は25歳から、日本と海外で、いくつもの組織や会社を経営し、社員を育てながら、経営をやりながらずっと、学んでるのです。

結局、日本と海外で13社の会社を作り、カンボジアでは大学とテレビ局も作りました。英国、米国、豪州の、8つの大学で名誉博士号ももらいました。国家勲章も、オーストラリアとニュージーランド、カンボジアでいただきました。カンボジアでは、合計5ついただきました。これらは、30年以上その国や国民の為に尽くし、一生懸命学んでる内に、いつの間にかいただいただけです。

自分では全く意識せず、一生受験生であり続け、学び続け、進化を続けたいだけなのです。

ところで、私は公益財団の理事を3つしています。その内の一つが、日本国際フォーラムというシンクタンクです。日本における、外交の三大シンクタンクの一つです。ここでは、日本と世界のあらゆる大学教授や、研究者と話す機会があります。その結論が、やはり「大学とは、とりあえず選ぶもの」なのです。皆さん、いくつも大学を出て、学び続けておられます。

今や、日本でも世界でも、スキルアップやキャリアアップの為に、いくつも大学に行く時代です。だから、最初に行く大学は、学問の基礎を学び、4年間の時間と、環境を与えられる機会です。素晴らしい、黄金の機会です。しかし、そこが終点なのではありません。だから、最初に行く大学の、学部や学科選びで、そんなに深刻に考えることはないのです。少しでも、高くジャンプして、良き先生や友達のいる環境に、飛び込むことが大切です。

大学とは、大人として学ぶ、始まりに過ぎないのです。

皆さん、高みへ向かって、一緒にジャンプしましょう!

みすず学苑学苑長　みすず学苑中央教育研究所所長　**半田　晴久**

大学の学部・学科が、わかりすぎる本
もくじ

社会科学系 …… 79

先輩体験記

巻末特集

首都圏の主な16大学 学部・学科一覧

これだけは知っておきたい 大学の今

大学の動きや変革に目を向けよう

Point 1 入試方法の変更により、受験の難易度が上がった

まず昨今の大学入試の全体的な傾向や変わりようについて見ておきたいと思います。

コロナ禍の影響で、２０２２年まで3年ほど、地方在住者が大都市の大学受験を避けるなどの傾向があって、例えば地方から東京の私立大学を受ける受験生が激減していました。特にそれまで著しく受験者数が多かった明治大学や法政大学、中央大学などといったところがかなり少なくなっていました。ところが２０２３年の入試はコロナ禍の前の状況にもどり、明治大学は受験生がじつに10万人を超えました。２０２２年でしたが法政大学も9万人台に増えました。それだけ、これらの大学では競争率が上がったということになります。程度の差はあるものの、首都圏の大学の多くは、同じ傾向にあります。

もう一つの大きな変化は、共通テストの問題形式が2020年までのセンター試験とは大きく変わってきたという点です。特に国語、数学などの変更点が大きいため、それに向けた、しっかりした対策をとらないと点が取れなくなっています。また、私大専願者が共通テスト離れを起こしている傾向も見られます。

例えば国語では、2020年までのセンター試験では、現代文が大問2題、1題が論説文、1題が小説、3題目が古文で4題目が漢文と、4題の出題だったのが、2021年の共通テストから大問4題は変わりませんが、それぞれ複数の文章を読み比べて解答する形式に変わって、たいへん難しくなってきました。

また、共通テストの数学の問題は、国語力がないと問題が読み解けないという点で難しさが顕著です。問題を解く以前に問題の意味が分からない、という可能性があり、今までのように計算などの力だけでは正答が出せない、という傾向が強くなっています。文章を読み取る力、国語力が、数学にも求められてきているということです。

また、共通テストの理科の中では、生物の平均点が下がり続けています。

その背景にあるのは、DNAの解明など著しい学問的な進歩の影響があります。iPS細胞の仕組みが入試問題で出題されるなど、最新の発見の動きまで把握しておかなければならず、生物の参考書は物理や化学の倍以上分厚くなっているのが現実です。こうした科学の研究の進歩が、大学受験の世界でも無視できなくなっているということです。

Point 2 早慶上智、そしてMARCHも変貌する

一方、首都圏のMARCH（マーチ）と呼ばれるグループの大学は年々受験生が増えてきています。どの大学・学部でも、おおむね倍率は高くなっています。

早慶上智やMARCHつまり、明治大学、青山学院大学、立教大学、中央大学、法政大学と、Gすなわち学習院大学を加えた私立大学は、よく入試方式を変えてくるところが多いのですが、例えば上智大学は、これまでセンター試験を一切考慮せず、大学独自の試験で合否を判定していました。ところが、2021年から共通テストが必須となり、なおかつ上智大学独自の試験を受けるという2段階方式に変えました。

一方、早稲田大学に関して言えば、2021年以前から政治経済学部で数学を必須とし、共通テストで数学を受けなければならなくなり、その上で政治経済学部独自の問題を解く、という方式になりました。

入試方式以外でも、どの大学も特色作りに努めています。明治大学は、2022年に和泉ラーニ

ングスクエアという教育棟を創り、広く学習支援や交流の場にしています。中央大学は法学部が都心に帰り、青山学院大学は２０１３年に文系７学部が、相模原キャンパスから青山キャンパスに移転し、以来人気が定着しています。またＳＤＧｓに取り組む法政大学、スポーツに力を入れる立教大学、グローバル化を進める慶應義塾大学、早稲田大学など、各大学は特色を生かしています。

Point 3 ２０２５年に入試制度が変わるため、浪人を避ける傾向に

国公立大学では、現在、共通テストで５教科７科目受験した上で、大学独自の試験を受けることになっていますが、これに加えて２０２５年からは６教科８科目に増えることが発表されています。「情報」という、コンピュータのプログラミングなどの科目が新たに必須になります。そのため２０２４年入試で浪人しないようにと考える受験生が多くなります。

なお、現行の大学入試の制度では、文系理系を問わず国公立大学を目指している人は、まず１月の中旬にある共通テストを受けたうえで２月下旬の各大学の個別試験を受けます。１月の共通テストの結果で思ったより点数が取れなかった場合、急きょ出願先を変更することになりますが、この場合、共通テストが終わってから２次試験までの約１か月間で、受験する大学独自の試験準備が必要になります。個別試験は大学により受験科目も問題傾向も異なるため、予め調べておくことも必

要です。

Point 4 文理融合の情報系、英語に強い国際系が人気

いま、国公立そして私立でも、文系理系を問わず、圧倒的に人気があるのは、「情報系」の大学・学部です。情報系学部は、理系に多いのですが、最近では文系にも情報系学部が増えてきました。例えば中央大学が国際情報学部、東洋大学では情報連携学部を新設しています。また、文系大学の一橋大学がソーシャル・データサイエンス学部を開設したところ最難関学部の一つになりました。

2025年に東京医科歯科大学と統合する予定になっている東京工業大学は、合格最低点を見ると、情報理工学院が他の学部より100点高く、圧倒的にレベルが高くなっています。

国際系も近年、相変わらず人気のある学科です。特に、文化や外国語を絡めたカリキュラムを持っていると受験者も増えています。

学習院大学文学部は、仏文・独文学科などを設置していましたが、独文学科を「ドイツ語ドイツ語圏文化学科」（仏文も同様）に変更するなど、「文化」を前面に打ち出して人気が復活していま

す。さらに、国際社会科学部という国際系の学部を新設し注目されています。

明治大学の国際日本学部では、日本の文化を世界に向けて英語で発信するというコンセプトのもと、授業の多くが英語で行われる、ということで人気を集めています。

また、法政大学の国際文化学部のように留学が必須になっている学部も増えています。

Point 5 総合型選抜や学校推薦型選抜の増加

これまで、多くの大学に、一般入試の他に推薦入試やＡＯ入試と呼ばれるものがありました。

２０２１年から文科省の指導により、一般入試のことを一般選抜、ＡＯ入試を総合型選抜、推薦入試を学校推薦型選抜と名称が変わっています。近年、一般選抜ではなく、総合型選抜や学校推薦型選抜で大学に進もうとする人が増えています。

大学あるいは学部により、英語の試験を課す大学もありますが、総合型選抜、学校推薦型選抜は、事前に志望理由書を提出し、試験本番では小論文と面接を課す、というパターンがほとんどです。

このように総合型選抜や学校推薦型選抜を受験する人が増えており、半分以上が総合型選抜や学校推薦型選抜で入ってくるという大学もあります。

早稲田大でも2026年入試には、全体の6割を総合型選抜や学校推薦型選抜にすると発表しています。国立大学も全体の1割から2割ぐらいの増加傾向にあり、総合型選抜や学校推薦型選抜の割合がますます高くなってきているのがここ数年の状況です。

ところで、高校からの学校推薦型には、指定校推薦と公募推薦の2種類があります。このうち増加しているのが、公募推薦です。高校での内申点が5段階評価で、4・0以上、3・5以上など各大学に基準が設けられています。一方、先ほどの総合型選抜にはその基準がないことが多く、あったとしても、公募推薦より基準が低いのが一般的です。その違いがあるだけで、事前の志望理由書の提出、小論文と面接という試験内容はほぼ共通しています。ただし、学校推薦型選抜はもとより総合型選抜も、合格した場合には必ず入学を求める、という方針の大学が大部分ですので、大学のポリシーや特色など調べておく必要があります。

Point 6 民間検定試験の採用で変わる英語の入試

最近の入試のもう一つの流れとして重要なのは、「英検」を代表とする、いわゆる英語民間技能検定試験が、合格判定に大きな役割を占めてきているということです。

「話す・聞く・読む・書く」の4技能を網羅した力を持っていなければ、受験させてもらえない、という大学もあります。その最たるものは立教大学です。大学独自の英語の試験を行わず、その代わり、英検を代表とする民間の検定試験のスコアを、基準に基づいて得点換算します。

大学によって違いますが、グローバル入試、英語外部検定試験入試など、制度の名称はさまざまです。たとえば立教大学では、英検で2級の資格を持っていると、スコアによりますが、入試では、英語の得点としておおよそ80点に換算されます。本番の入試は国語と社会だけの試験となるため、この方式に切り替えてから受験生が少し増えています。

Point 7 行きたい大学と学部を、なるべく早く見つける

近年、大学の「学部の新設・再編」が積極的に行われているため、学部、学科の構成が変わってきています。2023年度、全国の大学には約600種類の学部があります。1999年度には約100種類でしたから、30年で6倍になっています。

新しく設置された学部や学科には、「子ども」「コミュニケーション」「マネジメント」「グローバル」といった、かな・カタカナまじりの学部、学科も多く、名称だけでは具体的な学問内容が分かりにくいところもあります。

また、高齢社会の到来で、「健康・福祉」「医療・看護」などの領域で、社会的ニーズが高まっていることは特筆するべきことです。

さらには、ビッグデータ、人工知能、ＩｏＴなどに代表される情報化社会の進展、グローバル化など、社会は早いスピードで変化しています。近年新設された大学や学部は、こうした時代のニーズを受け、医療、国際、情報に関連したものが目立ちます。

大学の学部、学科は細分化され、文系理系を横断するような、実際に役立つ専門知識や技術の習得をめざすカリキュラムが増えています。自分の興味に沿って、どのような学部・学科なのか、調べてみることが大切です。さまざまな分野が融合した科目を学べる学部も多くなっているので、入学した後に自分のやりたいことを探すことも可能です。今すぐ進みたい方向が分からなくても、自分の道を見つける、という目的で大学に進むことは、意義ある選択と言えます。

Point 8 大学の学費

ところで、ここで大学進学には現実的にどれだけお金が必要なのか、大まかに見ておきましょう。

2023年度の国立大学の学費の標準額は、授業料が53万5800円、入学金は28万2000円で、初年度納入金は81万7800円となっています。

公立大学も、だいたい国立大学と同じくらいです。公立大学の入学金は、大学指定の地域内に住所があると割安になることがあります。

私立大学の2023年度の学費は医学部・歯学部・薬学部系をのぞき、平均して授業料が96万7288円、入学金26万1004円、施設設備費などを合わせた初年度納入金は合計164万3466円となっています。

Point 9 大学での学び方

大学には、学部・学科が定める必修科目と選択科目があります。選択科目は、自分の興味に応じて選ぶことが可能です。講義形式の授業を中心に、実習・実験などもあります。また3年、4年になると、「ゼミ（ゼミナール）」や「研究室」に所属して、少人数で専門を深めていき、多くの場合、その研究成果を「卒業論文」として提出することが課されます。一定の成績を収めれば、「単位」を取得でき、規定の単位を取得すれば卒業することができて、一つの専門分野の「学士」という学位を与えられます。

総合融合系

- 環境学
- 情報学
- 芸術学
- 人間科学
- 教養学
- 教育学
- スポーツ科学
- 福祉学
- 家政学・生活科学

新時代に求められる学問系統

文系理系を融合した総合的な研究分野に人気

近年、従来の人文科学系、社会科学系、自然科学系の枠には当てはまらない、新しい分野の学部・学科を新設する大学が増えています。特に顕著なのは、ビッグデータ、人工知能、IoTなどに代表される情報化社会の進化、グローバル化など社会の急激な変化による、時代のニーズの著しい変化です。

そうした社会情勢を反映した情報学系学部の新設が相次ぎ、近年では、もっとも人気の学部となっています。情報学は、言語学や数学などとの関係が深く、文科系と理科系を横断的に学ぶ必要があります。数学や統計学関係の知識が必要となる一方、情報処理能力には、実験心理学やマーケティングなどの知識も必要になります。さらに、プライバシーの保護や著作権保護などセキュリティー問題などに関しては、法学もかかわってきます。

そういった学際的学問として、情報系の次に注目を集めているのが環境学です。これまでは、生物学、農学、地球科学など自然科学系の学問で研究されてきました。しかし近年、環境問題は経済

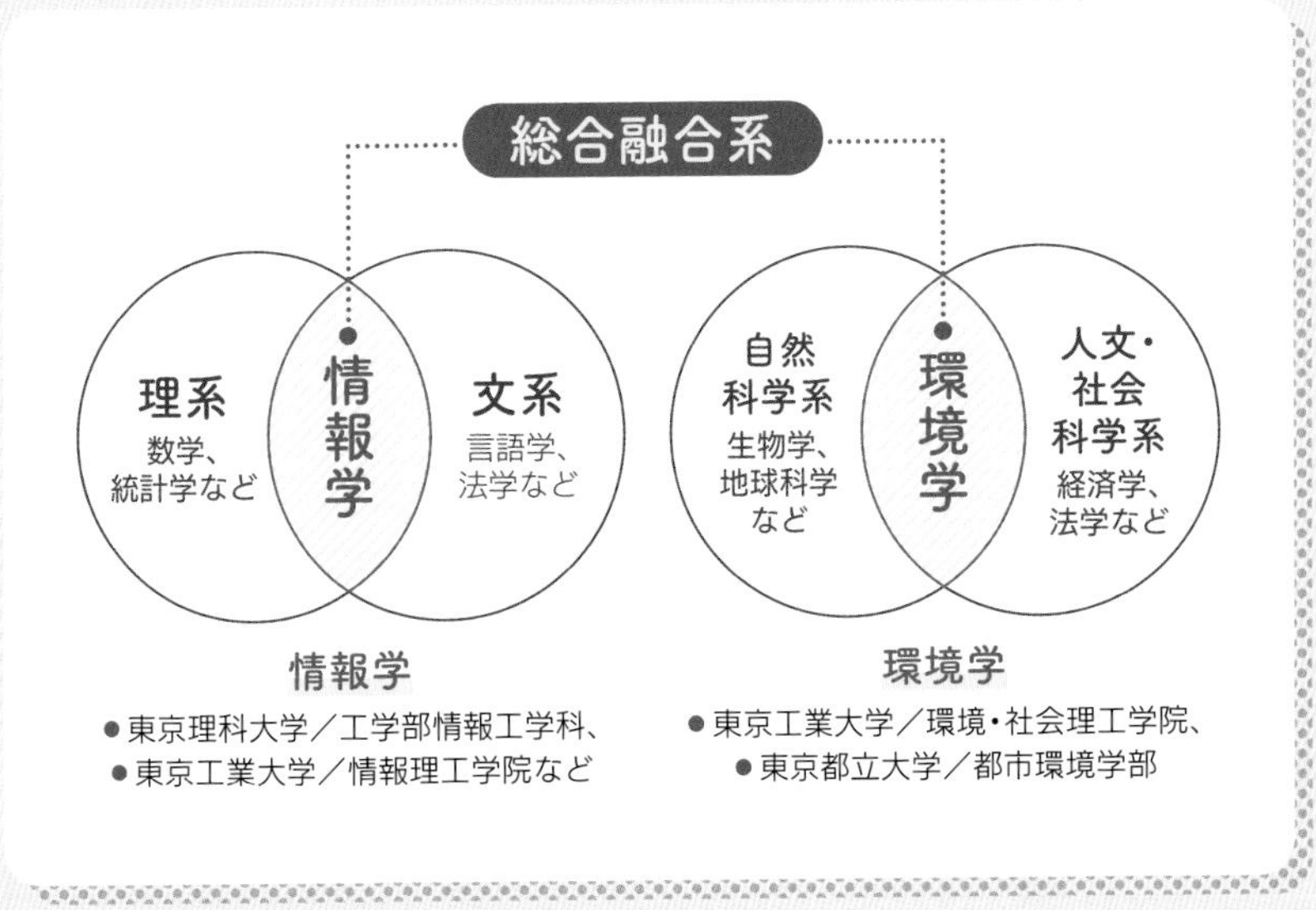

や法律、社会制度などとも深く絡みあっているため、人間や社会、文化と自然環境との相互関係を考える、人文社会学系のアプローチによる研究も求められるようになってきています。

また、家政学は、従来人文科学系に分けられてきましたが、家政学の一分野である栄養学は、自然科学系の分野にも関連してきます。人間科学は、人間の身体を検証していく医学系だけでなく心のメカニズムにまで研究は及び、心理学、哲学、社会学、教育学など文系科目をも横断する幅広い知識が必要となります。

こうした文系理系にまたがる学問を本書では総合系と呼びます。文系理系を問わない入試科目で受験できる場合もあり、人気の一因となっています。

また、高齢化社会の到来で、「健康・福祉」「医療・看護」領域の社会的ニーズが高まっており、関連学部を新設する大学が増えています。子どもや障がい者、高齢者に対する医療や福祉施設運営などだけでなく、環境整備、法律や制度などについても考えなければなりません。高齢化社会に伴う看護師の不足に対応するため、全国の大学で看護学を学べる大学は、１９９１年の11校から２０２１年には２７５校にまで増加しています。

急速に変化している社会情勢に対して、スペシャリストを育成する目的の学部が新設、あるいは増設されているのが、際立った近年の特徴です。

総合融合系

環境学

どんなことを学ぶのか

「環境」とひとことでくくっても、身近な住環境や都市の環境から地球規模の自然環境までさまざまな領域にまたがります。特に、環境問題が複雑化している現在では、環境と人間が持続可能な共生を目指すための、多岐にわたる研究テーマがあります。

●理科系、文科系の両面からとらえて研究する学問

自然や景観などの環境と人間の関係を研究するのが「環境学」です。近年、特に注目されている学問です。「環境」を名前に入れた学部が増えています。「SDGs（持続可能な開発目標）」という言葉をよく耳にするようになりました。経済発展と環境保全の両立は、全世界で、そして地球規模で21

世紀の最重要課題となっています。環境保全のためにどのようなことが社会としてできるか、どんな制度が必要か、私たちがなすべきことは何か、などの問題意識のもとに学んでいきます。

これまでは、生物学、農学、地球科学などの自然科学系の学問で研究されてきた環境問題ですが、現在では、経済、法律、社会制度、国際関係などとも深くかかわる問題となってきており、人文社会学系の知識も同時に必要となっています。

そのため、理系、文系の両方からアプローチを進め、自然科学、社会・文化を織り交ぜて研究していく必要があります。

社会や文化と自然環境との相互の関連を、社会経済システム、科学技術など総合的な観点から学んでいきます。

人文社会学系では、環境と人間生活とを共存させるための法整備や政策、経済活動から、グローバルな視点での問題解決や仕組みづくりまで扱います。

理系では、自然科学的分野に加えて環境計画学や環境デザイン学なども学び、ゴミ処理やリサイクルなどの身近な問題から、温暖化や森林破壊など地球レベルの問題まで、私たちの将来にかかわる大きなテーマが対象になります。

環境問題は「地球環境問題」と「地域の環境問題」に大別して考えることができます。「地球環境問題」は国境を越えて地球の広範囲にわたって起きている環境問題です。他方、「地域の環境問題」は特定の地域で顕著になっている環境問題です。

●温暖化など地球全体の課題に取り組む

環境問題が大きく取り上げられるようになったのは、1970年代です。工業化が進んだことで公害による環境破壊が起こり、地球サミットなど環境問題について、国際的に議論する場が設けられるようになりました。環境問題の解決は、国際的な最も重要な課題の一つとなっています。

環境問題に取り組むには、理科系の専門知識も必要です。どんな問題に興味を持っているかにより、学科も細分化されていきます。水質汚染や大気汚染には「化学」、地球温暖化には「気象学」、生態系に関することなら「生物学」など、どの大学がその分野に強いかも調べておくとよいでしょう。

column

「学際」を幅広く学ぶ大学が多くなっている

「学際」というのは学問が従来の一つの専門分野にとらわれることなく、領域を越えて研究すること。文系理系が明確に区分されるものではなく、さまざまな分野を総合して学ぶ必要性が出てきています。情報工学とかデータサイエンスなどの学部・学科が多くなっているのがその表われです。

一方では、環境を守るためには社会のルールや枠組みも必要となります。温暖化など地球全体の環境問題に取り組むためには、「国際法」「国際政治」などをベースに、各国の意向を調整して法制度を整えることが必要となります。さらには、経済活動の結果起こっている問題でもあるため、「経済学」「財政学」の面からも考えていく必要があります。

環境問題を勉強するために、理系と文系を横断的に捉える学科を備えた大学もあります。地球温暖化を研究したければ、その現象をテーマに気象学を学び、一方で、国境を越えてグローバルな視点からCO_2の規制を行う法整備をするなど、国際関係論や国際法、地政学を学ぶことも有益です。

環境学は幅広い研究分野を含むので、興味がある人すべてに適性があると言えるでしょう。

環境に関わる分野を文系理系と幅広く学ぶ学問なので、環境問題に興味があるけど、どの分野に進めばいいか決められない、という人は、「環境」という名前のつく学部、学科を設置している大学を目指し、専門は入学後に決めることも選択肢の一つです。「環境」と名のつく学部・学科は環境科

column

環境学部のある大学

東京都立大学 都市環境学部。地理環境学科、都市基盤環境学科。横浜国立大学 都市科学部 環境リスク共生学科。東京工業大学 環境・社会理工学院・土木環境工学系などなど、近年多くなっています。

学、環境システム、人間環境などさまざまあります。

文系や理系の枠組みを越えて、専門的な学問を超学べる学部・学科ですから、自分の関心が自然環境にあるのか社会環境にあるのかなどをよく考えて、学部・学科を探してみましょう。

卒業後の進路

卒業後は、文系理系にまたがる学問のため、就職先も幅広く門戸が開かれています。エネルギー関連、流通・サービス業、製造業などの一般企業、マスコミ関係、公益法人、環境NGOなどのほか、公務員として行政機関・教育機関で仕事をしたり、研究員、国際機関で活躍する人もいます。将来的にも必要とされる人材になれるでしょう。

総合融合系

情報学

どんなことを学ぶのか

グローバル化した現代では「情報」抜きで人間も国家も存在できません。産業その他、人類の営みには、情報は欠かせません。日本は情報化社会としては、先進国の中でも大きく遅れを取っていると言われています。

情報学とは、その情報の作り方、伝達、利用法、分析、管理、システム構築などを広く深く学ぶ学問です。インターネットの発達により多岐にわたる研究が必要となり、理系だけでなく文系にもまたがる知識が必要になってきました。「情報」と名のつく学部・学科は近年、いろいろな大学で次々と創設されており、人気の学部になっています。

column

「情報科学」は、中学や高校で学ぶのと大学での研究は違う

中学や高校で学ぶ情報科目は、パソコンを使った情報検索、表計算、発表などの資料作りなどが中心でした。しかし大学で研究する情報科学の内容は、それらの原理となる理論であり、コンピュータ操作方法を学ぶより、理論について自分の頭で考える学問と言えます。

●情報学は、人間の社会活動全般にわたる学問

情報を扱う学問として、情報の伝達の仕組みやあり方、データの収集・蓄積・処理・分析・解析・活用などかなり幅の広い分野にわたります。

インターネットの登場以来、情報技術が社会に与える影響は大きく、社会や企業においては、情報や人材管理、リスクマネジメントなどにおいても重要な要素となってきました。情報が適切に扱われなければ、企業などの組織は健全に機能することはできません。

世の中にあふれる情報を的確に扱い駆使することで、より快適な生活がおくれるようになります。そのために情報学の発展は欠かせません。

国の行政機関の一つであるデジタル庁も新たに設立され、これからますます重要性が増し、発展していく分野です。

情報学は、コンピュータやプログラミングについて学ぶ、と思われがちです。理系の分野であると考えられていた時代もありましたが、近年、情報学で扱われる分野はしだいに広がり、プログラミングなどの情報処理から、情報の中身であるコンテンツ制作、情報が社会に与える影響まで、幅広い視点から情報のあり方をとらえなければなりません。

BOOK

『東大生が教える13歳からの学部選び』
（東大カルペ・ディエム　星海社発行　1500円）

大学受験というと、多くの受験生が文系か理系かあたりまではイメージしても、とりあえず入れるところに入ればいいと思っているでしょう。でも推薦入試のある大学では、なぜうちの大学、この学部を志望しましたかと聞かれます。この本は、13歳、つまり中学生が読んでもわかる、大学の学部紹介の本です。今まさに大学、学部選びに迷っているあなたにおすすめの本です。

「情報科学」や「情報工学」などは、理系の学問として以前から人気の学科でしたが、今では、社会、文化、産業、法律、政策、環境、国際関係など、人間の社会活動全般にかかわる学問となっているため、文系理系を横断する研究も多くあります。

●より良い情報社会を築くための文系アプローチ

文系のアプローチとしては、情報メディアの役割、情報コミュニケーションなどを学びます。「メディアリテラシー」という言葉を聞いたことはありますか？　これは世の中にあふれている情報から必要な情報を引き出し、正しい情報を適切に活用するという意味で使われています。高度な情報化社会ではこうした能力が必要とされており、経営情報学科、社会情報学科、国際情報学科など、文系の学部で研究が行われています。

社会情報学は、情報メディアが社会に与える影響を考える分野です。メディアが社会に与える悪影響も年々深刻化しています。たとえば、インターネットを利用した犯罪、コンピュータウイルスやハッカーによるサイバーテロなどが、増加の一途をたどっています。こうした新たに起こる情報社会の課題を解決し、より良い情報社会を築くための学問として重要性を増してい

column

国立大では「情報Ⅰ」は、ほぼ必須に

新しく共通テストに導入される「情報Ⅰ」は、ほとんどの国立大では必須となります。公立大でも東京都立大、大阪公立大など難関校や理工系を中心に必須。新しい制度だけに自分の志望校の入試制度の発表には注意しておきましょう。

ます。近い将来、情報社会になくてはならないであろう人工知能の分野においては、行動経済学、認知心理学など文系の科目を取り入れている大学もあります。

●数学的な手法で研究する理系アプローチ

一方、理系のアプローチで学ぶのは、プログラミングをするうえで必要な数学的知識、微積や行列・情報数学・解析学・統計学などの学問です。

工学部や理学部では、コンピュータ、通信、ネットワーク、情報処理をはじめ、人工知能といった最先端技術などを数学的な手法で研究します。そのほか、ネットワークシステムからコンピュータによる画像処理まで幅広い知識を学びます。

情報科学と情報工学は、どちらもコンピュータに関する学問ですが、前者はコンピュータの根本原理の研究、後者を現在のコンピュータを発展させるための研究と考えればよいでしょう。

情報科学では、コンピュータの計算理論、機械装置としてのコンピュータ、コンピュータに指令を出すソフトウエアなどを研究します。コンピュータの集積回路などの「ハードウェア」を扱う分野、インターネットを管理す

column

情報学部のある主な大学

青山学院大学 理工学部・情報テクノロジー、社会情報学部・社会情報。筑波大学 情報学群。法政大学 理工学部・応用情報工学。明治大学 理工学部・機械情報工学。東京理科大学 工学部・情報工学科、創域理工学部 電気電子情報工学。お茶の水女子大 理学部・情報科学。

上智大学 理工学部・情報理工。早稲田大学 先進理工学部・電気・情報生命工学。慶應義塾大学 環境情報学部・環境情報。東京工業大学 情報理工学院などなど。

るプログラムなどの「ソフトウェア」を扱う分野に分けられます。

情報工学では、情報科学分野で築いたコンピュータ理論をもとに、情報の収集・処理・蓄積・通信などコンピュータシステムを構築し、実社会への応用を目指す分野を学びます。たとえば、インターネット上のセキュリティ・ネットワーク、AI（人工知能）、ロボット開発などが挙げられます。

AI研究も重要な位置を占めています。AIが人間の能力以上の能力を発揮し、人間の活動領域以上の能力を実現するための理論的および実践的な手法が開発され、実用化されていることは、あなたの想像以上です。

物理科学や生命科学といった自然科学だけでなく、社会学や経済学などの社会科学の専門知識と人工知能によるデータ解析等の技術を併せ持ち、幅広い分野のデータ解析力を養う学科もいくつかの大学には作られています。

BOOK

『早慶MARCH大激変』
（小林哲夫・著 朝日新書 990円＋税）

「早慶MARCHのどこかに入れたらいい」と思っている受験生は多いでしょう。でもこの2、3年、新型コロナ禍あり、世の中のグローバル化、AI化、少子化、女子学生の増加などの影響で、これらの大学も学部の再編や新設に迫られ、激変しています。これらの大学がどう変わってきたか、学生たちは何を考えているのかが分かります。大学を選ぶときに、この本を読んでおくのも参考になります。

卒業後の進路

文系の情報系出身の学生は、卒業後にマスメディアや広告、一般企業の広報、宣伝などの仕事に就く道が開けています。社会全体における情報の在り方や発信に携わる業務を担当する人が多いようです。

理系の情報系は、ネットワークやデジタル分野の技術的な側面、たとえばプログラミング言語やコンピュータの仕組みなどを習得することから、卒業後はエンジニアとしてネットワーク構築やソフトウェアの開発などの技術職に就くことが多くなり、即戦力として民間企業や官庁、各種研究機関などへの就職にも有利な学部です。

総合融合系

芸術学

どんなことを学ぶのか

いわゆる芸術作品全般についての価値や、芸術作品を創ること、その過程での芸術活動などについて研究するのが芸術学です。人間が創り出す芸術的表現について、理論や技術、歴史なども学びます。

美術・音楽は、以前から分野ごとにさまざまな学科に分かれていますが、文芸や演劇、写真、放送なども含まれます。映画やアニメ、ファッション、広告など、身近な表現に関する分野も、芸術学の研究対象としてあらたに学科を創設している大学もたくさんあります。

私たちが日々の生活のなかで触れている芸術は多岐にわたっています。美術館で開かれる展覧会、劇場でのコンサートや演劇、建築、映画、広告、ポ

スター、商品デザインほか本の装丁や漫画、アニメも幅広い意味では「芸術」です。

こうした芸術全般について、理論や技術、歴史について学び、芸術作品の研究や創作を通して表現力や発想力を習得していきます。絵画・彫刻などについては、理論と表現手法を学ぶので、制作に取り組む実技も重要になります。音楽では、歴史や理論を学ぶほか、実技をメインに個人レッスンの授業も多くなります。

●専門分野に細分化される学問

芸術学は、専門性が強く、さまざまな分野に特化した学科に分かれています。

①美術

美術と聞くと、絵を描いたり物を創ったりすることをイメージするかもしれませんが、それだけではなく、美術史や、美学や美術に関する哲学的な内容などを学ぶ学科もあります。美術館などで展覧会を企画して世の中にさまざまな美術の情報を発信する学芸員（キュレーター）、私達の身の回りのさまざまな製品、車、洋服などの商品をデザインする表現能力を学ぶ道もあり、多岐にわたる分野です。

学科を大まかに分けると、絵画・彫刻・工芸・デザインなどの技巧を学ぶ学科と芸術学など理論を学ぶ学科の２種類があります。なかには、世界の美術と文化について学ぶ造形表現、書道など伝統文化の創作、伝統的技術の保存、さらには写真の技術・表現などまで幅広い分野を学べる大学もあります。

②デザイン

映像やイラスト、グラフィックデザインといったクリエイティブな技術や技法について学ぶ学部です。芸術学の中でも、より生活に身近なものを扱うのがこの分野とも言えるでしょう。

映像・広告・CGなどの情報としての芸術分野、陶芸・木工・染色などの工芸分野、インテリア・建築などの住環境分野があり、実践的な専門知識や技術を習得していきます。たとえば、映像学科では表現技術や器材の知識などを学び、自分たちで映像作品を創る実戦的な活動を展開している大学は全国にたくさんあります。

③ 音楽

西洋音楽、日本音楽、音楽民族学、音楽美学、作曲家研究、作品研究など、音楽に関する専門的な研究をする学部・学科です。声楽・器楽・指揮・作曲などプロの音楽家を目指す学科と、音楽史・音楽民俗学など学問として音楽を研究する学科に分けられます。音楽教育の専攻のほか、近年では、音楽イベントの運営や音楽ビジネスを学ぶコースもあります。

④ その他の芸術分野

映画学科、文芸学科、演劇学科、放送学科などがあります。文芸では、作家や編集者を目指す文芸分野、映画やドラマの脚本、広告のコピーなども研究対象となります。演劇においては、演技や演出をはじめ、照明や音声に関する舞台制作の技術についても学びます。ほかにも、映画やテレビの演出や照明・音響・制作システムを学ぶ学科、役者やダンサーを目指して演技や舞踊を学ぶ学科、放送・マンガ・アニメーションなどを専門的に学べる学科を持つ大学も増えています。

卒業後の進路

芸術学の専門知識を持つ人材が目指せる職業として、卒業後の進路はさまざまです。音楽家として演奏、作曲するフリーランスで仕事をする人、音楽教師、教室などの講師、楽器店勤務などのほか、最近では、ゲーム会社のサウンドクリエイターなど音楽に関連する企業に就職する道も開けています。楽器製造会社、レコード会社、音響会社などの一般企業で専門知識を活かす道もあります。

美術分野では、デザイン関連企業、美術や音楽の教師、美術館などの学芸員、歴史的な美術品の修復を担う美術修復家などが挙げられます。学芸員の資格を取得し、美術館や博物館に所属する学芸員として展覧会の企画をしたり、フリーランスとしてイベントなどの企画、運営を行うアートコーディネーターとして活動する人も増えています。

デザイン・工芸分野では、設計事務所、建築・住宅メーカーなどのほか、広告・出版などのマスコミ業界の一般企業に就職し、デザインや制作に携わる人も多くみられます。

総合融合系

人間科学

どんなことを学ぶのか

あなたは「人間とは何か」と考えたことはありますか？　この疑問に誰しも一度は突き当ったことがあるかと思います。生きるとはどういうことか、という哲学にも通じるスケールの大きな問題です。こうした「人間の在り方」に対して興味がある人におすすめの学問が人間科学です。この学問は、「人間」という存在についてあらゆる角度から研究することを目指します。

人間科学は「ヒューマンサイエンス」とも呼ばれ、比較的新しい学問であるものの、世界的に注目されている分野です。人間の身体と心のメカニズムを考えていく学問であり、生命科学や医学など理学的手法から、心理学、哲学、社会学、教育学など、文系科目をも横断する幅広い学問の手法を駆使して、「人間」を研究していきます。

●文系と理系を融合した多岐にわたる分野

「人間」とは、実に多くの要素で成り立っています。生物として、社会や組織の一員として、文化を作り出していく創造者として、複雑な側面を持つ生き物です。

さまざまなアプローチで「人間」を研究していくために、心のメカニズム、社会構造、人間同士の関係、生活環境など幅広く研究していくことが求められます。したがって、人文科学と自然科学を融合した多岐にわたる分野を学んでいきます。

人間の意識や行動のメカニズムを科学的に追求する心理学、社会関係の意義と構造を解き明かす社会学、人間形成のための理論や方法を研究する教育学などの分野を柱に、さまざまな学問分野を結集し、総合的かつ科学的なアプローチが必要となります。最も広い範囲の学問の1つと言えます。

column

「サルからサルトルへ」が人間科学部の原点？

対象とする学問が大変幅広い「人間科学部」。大阪大学に日本で初めて「人間科学部」が設置されたのは1972（昭和47）年。このときのキャッチフレーズは「サルからサルトルへ」という、担当教授のダジャレだったとか。しかし、このフレーズは話題を集め、広く知られました。サルトルは第二次世界大戦後のフランスの哲学者として知られています。その後、早稲田大学にもスポーツ科学などを取り入れた「人間科学部」が設置され、続々と多くの大学に誕生しました。このキャッチフレーズは今も代表的な科目は心理学や教育学、社会学で、ほかにも、生物学や生理学、スポーツ科学、情報科学、医学や工学系の分野まで人間科学の分野は広がります。

発達心理学・実験心理学・臨床心理学など心理学全般を学び、教育学では人間形成論・教育心理学・社会教育論・教育技術論などを研究、社会学では社会心理学・文化人類学・社会調査法などを研究していきます。心理学の実験や社会調査などの実習が多く、多彩な手法を学ぶことができるでしょう。

医学においても、人間の身体のしくみや病気について知るという観点から人間科学に必要な知識を得ることができるし、精神医学の分野では、人の心を扱うという点で関連します。

安楽死や尊厳死などは、哲学的な視点からも、医学的な観点からも考えていかなくてはならない、まさに人間科学という横断的な学問で研究していくべき命題とも言えるでしょう。

また、工学系の分野でも、デザイン工学や情報工学が人間科学に関わって

その〝精神〟に生きていると言われています。

きます。人間に近いＡＩやロボットを作ろうとすれば、脳の仕組みや身体の動きについて知らなくてはなりません。さらには、私達が日常使う電化製品一つとっても、どのような仕様が人間にとって魅力的なのか、心理的な検証をすることが必要になります。このように、日常生活の営みにおけるすべてが人間科学の学問にかかわってきます。

現在は、人間科学と名のつく学部や学科は多くの場合、文系に分類されていますが、実際は文理系を横断する文理融合の学問なのです。

研究対象が幅広いため、専門分野を設けている大学が多く、人間科学科を中心に、人間環境学科、人間発達学科、人間関係学科など分野の特徴を表した学科名もあるので、自分の興味のある分野がある大学を選ぶことも大切です。

●複合的に研究するアプローチ方法

人間が生活し発達する過程におけるさまざまな環境を広く大きくとらえ、それを構成するあらゆるシステム、文化、人間、社会、心理などです。

人間に対してどのようなアプローチで研究していけばよいか、具体的には以下のように考えてみましょう。

column

地方から首都圏の大学を受けるときは、交通機関を十分にチェックすること

試験場に行くときの電車が、人身事故で運転見合わせとか、電車は突発事故が起こりやすい。試験会場に時間ギリギリに行くのではなく、30分以上余裕をもっていくことが大事です。早めに行って、キャンパス見学をすると、心の余裕が生まれます。

◎人間の生態と仕組み→生物学、医学、教育学など
◎人間の健康と運動能力→医学、生物学、栄養学、体育学など
◎人間の心理、人間関係と社会→心理学、社会学など

人間科学科の研究領域は極めて広いものですが、心理学、社会学、教育学が大きな3本柱です。ほかに行動科学や思想、文化人類学、生態学、メディアと人間のかかわりなども学びます。また人間の運動について、身体への負担・効率、文化とのかかわりなどを科学的に研究するスポーツ科学などもこの一分野です。

卒業後の進路

人間科学に関する総合的な知性と幅広い見識を持つことができることから、教員免許・認定心理士・社会福祉士・精神保健福祉士・社会調査士など、幅広い資格を得ることができます。一般企業で専門知識を生かすことも期待され、さらに活躍できる就職先が広がります。

総合融合系

教養学

どんなことを学ぶのか

あなたは「教養学部」という学部のことを聞いたことがありますか？名前を聞いたことはあっても、そこでは具体的にどのようなことを学ぶのか分からない人がほとんどではないでしょうか？

設置されている大学の数も少なく、「教養学部」と打ち出している大学はあまり多くはないので、認知度が高いとは言えないかもしれません。しかし、特定の専門分野に偏らない視点や論理性を身につけることを目的としており、注目が高まってきている学部です。

自然科学・人文科学・社会科学を中心に総合的に研究することにより、幅広い分野を横断的に扱い、専攻の枠を超えた知識を習得し、ジェネラリスト（広い分野の知識や技術、経験などを持った人）を育てます。

●学びたい分野が決められない人におすすめ

理系か文系かを選ばなくてはならない受験生のみなさんの中には、自分に合った学部が分からない、と悩んでいる人がいると思いますが、そんな人に「教養学部」はおすすめです。

教養学部は、「特定の学問の枠を超えて、幅広い学問知識を身につける」ことを目的とした学部で、理系や文系、経済や法律などの枠にとらわれずに、さまざまな学問を履修できるのです。そのため、大学で学びたいことを決められない人にこそピッタリな学部だと言えます。

文系・理系などの枠を超えて、専攻以外の科目を履修することになりますが、一般的には専門分野の学習に入る前に、幅広い分野の基礎を学び、自然科学・人文科学・社会科学、外国語科目などを総合的に学びます。

教養学部は、人間社会や文化について、幅広い学識を備えた人材の育成をめざしているため、特定の専門分野に偏らない視点や論理性を身につけるこ

column

小論文をまとめるときのコツ

学校推薦型選抜では、小論文が必要の大学があります。小論文では、その大学の理念、創設者の精神を頭に入れておくと、その大学ならではの小論文を書きやすくなると言われています。例えば慶應義塾大学の入試科目は英語と国語そして小論文です。この小論文では、「慶応義塾大学の建学精神(福沢諭吉の独立自尊の精神)」を頭の方にうまく織り込んで書くといいという説もあります。

とができます。総合的なものの見方、考え方、柔軟な理解力、思考力などを実践する力が重視されるため、特定のテーマや社会の出来事や私たちの暮らし、生き方などに対し、複数の学問領域から考察していくことになります。たとえば、「グローバルガバナンス」においては、文系科目の政治・経済・宗教・言語に加えて、理系科目の気候変動や科学技術などを学ぶ必要があるのです。「グローバルガバナンス」とは、様々な価値がある国家や民族がともに生きる世界を目指して、それぞれの利益を調整し、地球的な問題解決に共に取り組むことですが、こういう考え方を身につけるためには広い範囲の学問が必要です。

政治・経済学から語学、科学まで、あらゆる学問を網羅して研究していくため、興味を絞ることができない人、新しい分野を開拓したい人に適切な学部と言えるでしょう。

●理系文系に関係なく総合力を養う

多くの大学の教養学部では、一般的に「リベラル・アーツ教育」が行われています。

「リベラル・アーツ」はいま、欧米の大学でメジャーな学問で、さまざまな社会問題を解決するための「総合力」を養うための学問です。主に自然科学・人文科学・社会科学を横断して総合的に学んでいきます。

たとえば、以下のように分類することができます。科目が相互に関連の深い領域を結びつける形で体系化されています。

◎自然科学：化学、物理学、天文学、医学、農学、生物学など
◎人文科学：文学、歴史学、哲学、民俗学、心理学、考古学など
◎社会科学：法学、経済学、経営学、教育学、政治学など
◎国際学：語学、国際関係学、国際文化学など

現代社会の問題は、さまざまな事象が複雑に絡んでおり、解決法も重層的なアプローチが必要です。文系理系に関係なくあらゆる分野を学ぶことで、どんな問題にも対応できる力を養っていくことを目的としています。近年、この「リベラル・アーツ」の重要性に注目が集まりつつあります。教養学部

column

面接を受けるときのコツ

学校推薦型選抜では、面接もポイントになります。面接は、だれもが緊張するものです。大事なことは、「私は絶対大丈夫」という自信を持って臨むことです。そのためには、聞かれそうなこと、例えば「うちの大学を受ける理由は何ですか」、「〇〇学部を選んだのはなぜですか」「大学に入ったら、何をしたいですか」といった質問の答えを何度も口に出して練習することです。スマホに録画して自分でチェックするとか、友達や先生にチェックしてもらうのもいいかも。

で学ぶことで、先に述べた「ジェネラリスト」を育てていこうという声が教育界で上がっているからです。

先に述べた「リベラル・アーツ」方式を戦前から取り入れているのが東京大学です。理系文系関係なく、1、2年生の全員が教養学部で学び、3年生になる時に専門の学部を決めるシステムで、そのまま教養学部で学ぶ選択もできます。

2000以上のリベラル・アーツ科目を設置しているのは、早稲田大学です。なかでも「国際教養学部」は、特にリベラル・アーツ教育に力を入れています。9割近くの授業が英語で行われており、海外からの留学生の割合が3割を占めています。

他にも、法政大学の「グローバル教養学部」も英語でリベラル・アーツ教育を行なっています。少人数制を取り入れ、各科目の平均受講者数は20人ほどなので、自分で深く学びたいことがあれば、じっくり取り組むことができます。

さらに、国際基督教大学は、「教養学部　アーツ・サイエンス学科」があります。1学部・学科のみのため、1、2年生は全員が教養科目を学びます。3年生になる時に大学に設置されている分野から自分の専門を選ぶことができるようになっています。

卒業後の進路

教養学部は、専門をつきつめる学部ではなく、幅広い知識を身につける学部であるため、卒業生は多岐にわたる分野で活躍しています。公務員はもちろん、商社や金融、メディア、サービス業、広告などの一般企業に就職して活躍する人も多いのが特長です。教養学部で学んださまざまな分野の中で特に興味を持った学問について、大学院で研究を続けて学者になる人も多くみられます。

総合融合系

教育学

どんなことを学ぶのか

人間（人類）が進歩、発展していくためには、さまざまな段階での、いろいろな「教育」が欠かせません。技術の進歩、発展のための教育、ものの考え方や人間同士が暮らす社会に欠かせない教育、心の成長や身体の成長などのための教育も欠かせません。このような教育のあり方を探る学問が教育学です。学校で教科の知識や集団行動を教える学校教育、社会人になるための職業能力をつけるキャリア教育、働く人を対象にした企業内教育なども含まれるでしょう。「教育とはなにか」と考え、家庭や学校、企業などの実態や社会としての制度のことなども含めて、教育の理念や方針を考えて行くことが「教育学」の大きな役割です。

●理論から実践まで広い研究対象

教育学には、「教育とは何か」「教育はどうあるべきか」といったことを考える教育哲学とも呼べる分野と、教員養成や教育の現場で児童や生徒を育て、伸ばしていくための理解を深めることを目的とした、より実践的な分野があります。

教育哲学では、教育の在り方について考え、これまで人間に対して教育がどのような役割を果たしてきたのか、歴史を振り返ったり、効果的な教育方法について研究します。

人間と教育の本質、人間形成の仕組みを探りながら人間教育の在り方などを研究していきます。教育の歴史から実際の教育現場まで広く学んでいきますが、そのためには、人間と社会についての深い洞察が必要となります。倫理学や社会学、心理学など他分野の知識もまじえながら研究していくことが大切です。

専門分野としては、教育史、教育法制論、教育哲学、教育心理学、比較教育学、教育社会学などがありますが、最近では、異文化教育、家庭教育など、大学ごとに独自の観点からユニークな研究をするところも数多く見られます。

研究テーマとしては、教育の本質や理念、教育の歴史的変遷、教育者の在り方、教育制度などが挙げられます。

●教員養成のためのカリキュラム

また、教育学には教員養成のためのカリキュラムも組み込まれています。教育に携わる人材にふさわしい倫理観や人間性を身につけ、日本の教育を支えていく人材の育成を目的とした学部として、子どもの成長過程や心の状態に関する心理学の研究など、教員に必要な知識や技能も習得していきます。教員免許を取得したい場合には、教職課程がある大学であるかどうかを事前に確認しておきましょう。

学校教育は、授業や集団行動を通して社会の一員としての教養や見識を身につけさせ、心と身体の健全な成長を促すことを目的としています。教育制度や法体系の研究をすることにより、家庭や地域社会も含めて子どもを育てていくためのよりよい環境作りを目指します。

一方では、年齢にかかわらず、人間的な成長のために生涯にわたり学べる社会を築いていくことも、教育学にとって重要な研究分野となります。

歴史、文化、政策などあらゆる面から学問として教育を研究していくなかで、基礎課程では、教育学の幅広い学問、たとえば、人間の発達過程や社会人としての成長を理解するための「心理学」「社会学」「人間関係学」、幅広い人間的素養と人格形成の基礎となる「文化学」「人間科学」「倫理学」といった人間や文化、社会に関する科目なども学びます。

多くの大学が、人間が生きていくうえで大切な「学び」という営みの本質を捉えるとともに、いろいろな教育の場における「基本理念」を理解することに重点をおいています。教育の本質的な理念、対象に応じた教育のあり方について学ぶ「教育原論」を基本として、専門科目として、「学校教育論」「生涯教育論」「国際教育論」「社会教育論」「企業内教育論」などを学びます。

column

教育の現場に、若い人の力が求められている

少子化が進む現在の日本。学校現場では児童生徒の数が、年々減っています。しかし、その一方で先生たちの数が足りなくて、各都道府県で教員確保のために必死の対策がとられています。文部科学省の2021年度の調査では、全国の公立小中高校などでの「教員不足」は2558人とされています。この傾向は年々多くなっていて、先生たちの働き方改革や、教師志望の若い人を多くするための対策などが国をあげて講じられています。教育の現場で、若い力が求められているのです。

人間の心や知能の成長段階を理解し、年齢ごとの健やかな発達を促すための方法を学ぶ「発達科学」、教育の歴史的な変遷や、地域による教育の多様性を理解する「教育文化」、教育と学校の制度を検証し、教育が果たすべき社会的な役割、教育問題の解決策を考える「政策」などを履修しますが、応用科目として、法や制度を扱う「教育行政学」「教育制度論」「教育法」などの科目、教育現場の課題に取り組む「子ども論」「大学論」「ジェンダー教育論」などのほか、授業の実践法を学ぶ「教育工学」「教育方法論」なども重要になります。

教員免許を取得するだけでなく、人を育てたり、人間関係を築いたりする上で大切なことを広く学ぶので、職場・家庭・地域などで健全な人間関係を築くことにより、人間性を高めていける学部であると言えます。

卒業後の進路

一部では、教育学部＝教員養成所というイメージでとらえられていますが、教育現場だけでなく一般企業に就職する学生も多くいます。教育学部で得たさまざまな知識や数多くの経験を教員以外の道で活かすことも十分可能です。また、社会教育主事などの資格取得に必要な単位を取って、公務員を目指す人や、大学院に進学して学問を深め、臨床心理士などを目指す人もいます。

総合融合系

スポーツ科学

どんなことを学ぶのか

　スポーツに関連するあらゆる研究を行うのが「スポーツ科学」です。スポーツといっても、自分が運動をしたり競技に出るということだけでなく、「観る」「教える」「学ぶ」「スポーツイベントを運営する」などの、さまざまな面があります。スポーツをする人の運動能力や競技の技能を養い、トレーニング方法や身体のケアなどを学び、スポーツに関するさまざまな理論的知識を身につけていきます。「スポーツ」を科学的に研究するため、いろいろな分野の学問や知識、人間的な魅力なども求められます。

●スポーツ医学を基盤にした科学

　歴史的にはスポーツ医学を基盤にして発展した科学です。スポーツをキーワードにして研究テーマを決めていきますが、そのためには、バイオメカニクスや生理学、栄養学、生化学、医学、心理学、政治学、経済学など幅広い学問を学ぶ必要があります。

スポーツと政治や経済のかかわりであれば、政治学や経済学の要素を組み入れたり、イメージトレーニングであれば、心理学の要素といった文系要素の強い分野、一方、身体能力を明確にするためには、医学や生理学など理系要素の強い分野を横断的に研究していきます。

例えば、健康増進や「生活の質」の向上を目的としたスポーツ振興やスポーツ関連ビジネスのマネジメント、スポーツ教育カリキュラムの開発、学校の保健体育教員になるための専門知識や指導法などには、文系科目の習得も必要となります。

また、トレーニング効果を向上させたり、ケガのリスクを減らしたりと、アスリートのパフォーマンス向上のための、科学的なサポートができるトレーナーの知識と技術に関しては、理系の中でも医学的な分野を中心に学習していきます。

スポーツの価値感や必要とされる要素が次々と変わりつつある昨今、データを駆使して新しい理論を編み出していける、アカデミックな人材育成の役割も担っています。

●文系と理系を横断する幅広い専門分野

スポーツ科学は今、わが国では健康意識の高まりや高齢化が進む社会背景もあり、近年特に注目されている学科です。研究範囲は哲学から医学・栄養学・コーチング論まで幅広いのが特徴です。専門分野としては、スポーツ史・スポーツ社会学・スポーツ心理学、スポーツ哲学・スポーツ生理学などの「基礎的スポーツ科学」をはじめ、体力学やスポーツ医学・スポーツ経営学などの「実践的基礎スポーツ科学」、トレーニング学やコーチング論、スポーツマネジメント学などの「実践的スポーツ科学」のように体系化されています。

たとえば、速く走っている人はどう脚を動かしているのか、よい脚の動かし方にはどの筋肉の力が必要かなどを調べるのであれば、スポーツ・バイオメカニクス、筋肉を強くしたり、高いパワーを発揮し続けるには、どんなトレーニングが必要かを考えるためにはスポーツ生理学、アスリートにとって適切な食事やリカバリーを考える上では、スポーツ栄養学やスポーツ生化学などを研究する必要があります。

スポーツによるケガの治療やリハビリテーションのみならず、未然にケガを予防する方法を考えていくことも重要なテーマになります。これらに役立つのはスポーツ医学です。また、アスリートが実力を発揮するために必要な考え方、集中力の高め方や心の整え方を解明するためには、スポーツ心理学が必須です。パフォーマンスを最大限に高める上での課題を発見し、その解決方法を、あらゆるシチュエーションや観点から分析していきます。

スポーツ科学で習得した知識や技術は、実戦で役立つシーンも多く、さまざまな資格取得にもつながります。大学によっては、公認障がい者スポーツ指導者の資格取得認定校に指定されており、必要なカリキュラムを履修することで「初級スポーツ指導員」または「中級スポーツ指導員」などの資格を取得することもできます。

卒業後の進路

スポーツの分野だけでなく、サービス業、製造業、卸・小売業、情報通信業をはじめ幅広い分野の一般企業での仕事が考えられます。スポーツメーカーで、運動器具やスポーツ用品の企画開発など、また、食品メーカーでは、健康に関する商品開発などの職に就く人も多くいます。スポーツ関連大会の開催やイベントなど、スポーツビジネスも近年盛んに行われており、企画・マネジメント・運営などで活躍することができるでしょう。

また、スポーツに関する有益な情報を届ける仕事も人気です。スポーツジャーナリストとして、新聞・放送・出版などの企業で専門的にスポーツについてのニュースを伝えたり、スポーツ評論家としてマスコミに登場する人もたくさん出てきました。インターネット・SNSなどメディアの種類も増えており、活動の場も広がっています。さらに、スポーツ心理学、スポーツ生理学、スポーツ栄養学、コーチング学などの知識を活かして、アスリートを目指す人のサポートをしたり、また健康作りのためにジムでトレーニングに励む人をトレーナーとして指導することも求められています。

総合融合系

福祉学

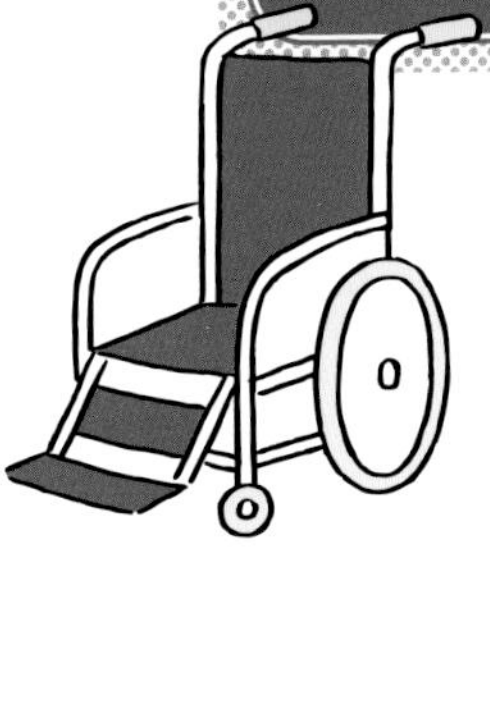

どんなことを学ぶのか

私たちの暮らしのなかで、こんにちほど「福祉」「社会福祉」といった分野で、専門的な知識や経験を持った人材が必要とされている時代はないでしょう。

福祉学は、人間が人間らしく生きていくための環境や制度を作り出していくための学問です。社会福祉というと、生活困窮者の生活保障や心身に障がいがあり、支援や介助を必要とする人への援助を行う公的サービス、といったことをイメージする人が多いのではないでしょうか。しかし、それだけではなく、全国民を対象に、一般的な生活における問題の解決を目指す取り組みも研究をしていく学問です。近年は、人類全体の幸福をめざし、貧困問題、飢餓問題など、世界にも目を向けて研究していく学問として受け入れられています。

●「人間の幸せとはなにか」を追い求める学問

人々の生活にかかわる問題を発見・分析し、具体的に解決していくための方策を研究、実践していく、未来の日本社会を支える上で必要不可欠な学問分野と言えるでしょう。高齢者や子ども、障がい者、生活困窮者を含めた、すべての人が人間らしく生きるための具体策を追究していきます。社会的弱者が安心して暮らせる社会にはどのようなシステムが必要なのか、公的な支援がどうあるべきかなどを研究します。さらに、福祉サービスを必要としている障がい者や高齢者への援助だけでなく、福祉施設や医療機関の運営などにも目を向けていきます。地域、年齢、心身の状態や生活状況の異なる個人が、どのような福祉サービスを受けることで人間らしく生きられるかを追究します。さらにそのための制度設計や現場の仕組みづくりなど、研究テーマは広い範囲にわたります。

現代の社会では、福祉が果たす役割はますます大きくなっています。物質的・精神的援助を行う総合サービスとしての福祉のあり方を考えるほか、生

column

「観光学」が社会的な注目を集める時代

社会福祉関連では、高齢化社会やグローバル社会が進む今、観光学などにも社会の注目が集まっています。観光は「現代社会を映し出す鏡」という専門学者もいるほどで、私達の社会では今や欠かせない産業です。立教大学社会学部に、日本の4年制大学で初めて観光学科が設置されたのは1967年でした。その後1998年に観光学部が設置されました。当時、日本は経済成長のまっただ中で、観光産業も急成長。以後、観光学部・学科を設置する大学が多くなりました。

活にかかわる、必要不可欠な社会保障全般の法律や制度にいたるまで、多くの課題の解決方法を見出していきます。そのうえで、高齢者・障がい者などだけでなく、幅広く人々の人生や地域社会に寄り添うことのできるスペシャリストを目指します。

社会福祉とは、サービスを必要とする人をさまざまな手段で支援するものですが、人としての尊厳と豊かさを充足させるものでなければなりません。高齢になってから豊かな人生を送るための、生涯学習や障がい者の就業支援なども、社会福祉学が扱うテーマです。「人間の幸せとはなにか」を常に追い求める姿勢が、この学問を専攻するためには必須条件です。

●理論だけでなく福祉現場での実践を重視

理論と実践の重点の置き方が異なるなど、大学によってカリキュラムはさまざまです。人間科学や総合科学のなかで福祉をテーマに研究している大学もあります。理論、実践、資格取得準備、実習などを履修しますが、社会福祉士や介護福祉士など、福祉関係の仕事に就くための資格取得を目指す人は、取得できる資格やそのために必要な知識が学べる大学を調べておくとよ

観光学部は単に観光業の実務を学ぶだけではなく、「経済・経営・商業学部系統」や「国際関係学部系統」に含めている大学もあるように、観光という社会行動を広く研究する学問になっています。そうした観点から地域創生や地域共生社会へのアプローチなども研究対象になっています。

いでしょう。

介護や援助といった実践的な内容だけでなく、その背景にある理論や法制度の在り方についても学んでいく必要があります。理論としては、社会福祉とは何かを学ぶ社会福祉原論、福祉に関する法制度について学ぶ社会福祉法制論、生活保護の意義や仕組み、運用を考える公的扶助論などがあります。

実践としては、援助サービスの方法や技術を修得する、ソーシャルワークやカウンセリング実習、介護実習など、実際に現場で行われることも多くあります。専門的な知識や技術はもちろんのこと、社会的弱者への心配りや、あらゆる問題に対処できる柔軟性、的確な助言・指導ができる冷静な判断力なども養っていきます。

社会福祉原論や社会福祉学をはじめとする基礎知識を学び、その後、社会保障論、地域福祉論、児童福祉論、障がい者福祉論、医療福祉論などの専門科目を履修していくことになります。また、ケースワークが必修科目となっている大学がほとんどです。特別養護老人ホームなどの施設における実際の介護現場での実習を通して、人間性を磨き、必要な技術やコミュニケーション能力を、実地で身につけていきます。

福祉学部は、志望動機が明確であり、「社会貢献がしたい」「世の中で必要とされる仕事がしたい」といった志を持つ人が多く進んでいます。

教員免許をはじめ、福祉関連のさまざまな国家資格の受験資格を目指して、この分野へ進むことを決める人も少なくありません。

卒業後の進路

多くの人が専門を生かし、福祉関連の職種に就いています。社会福祉士、介護福祉士などの資格を取り、各種行政機関や老人ホーム、障がい者施設、児童相談所などで、ソーシャルワーカー、ケースワーカーとして活躍する人もたくさんいます。また、特別支援学校（養護学校）の教員や保育士などの道に進む人も多くなってきています。

総合融合系

家政学・生活科学

どんなことを学ぶのか

家政学というと、なんとなく古めかしい響き、イメージがありますが、現在では、私達が社会生活をおくる上で必要な、さまざまな分野が学べる学問です。衣食住から、子どもたちのこと、あるいは、家族関係や家庭経営全般にわたる生活の対象を体系化し、科学的に研究していきます。その範囲は、身近な被服、住空間、あるいは食事や調理など幅広く、近年では、それぞれがビジネスや研究の対象に発展しています。

家政学と生活科学の違いは、その研究対象にあると言われることがあります。家政学は家族・家庭生活など、生活科学は個人・人間生活を中心に研究する学問と考える場合もあります。しかし、学部名は異なっても、両者に境界線はあまりなく、カリキュラムはほとんど変わらないと言っていいでしょう。大学により専門の研究内容で細分化されていますので、自分の興味のある学科を見つけやすいでしょう。

●生活を向上させるための技術を習得

この学科では、快適な生活環境の実現を目指して、日常生活にも役立つさまざまな分野の研究をしていきます。人々が生活していく中で必要な知識や、生活の質を向上させるための技術などについて学ぶため、被服、住空間、調理などのスペシャリストを目指すことができます。新しい暮らし方や働き方が注目されている昨今、この学科の多岐にわたる科目を習得すれば、社会に出てから即戦力となれる実践的な学問とも言えます。

家政学は生活を科学する、いわゆる実践的サイエンスでもあります。学ぶ事柄は、すべて私たちの身近な生活を素材にしています。それを自然科学的、人文科学的、社会科学的に研究し、理論を実生活に応用することにより、身の回りの課題から地球規模の問題まで解決していく役目を担っているのです。今、日本が直面している少子高齢化など、大きな時代の転換期にこ

column

医療系の「栄養学」は、人間の生きる源を研究する

栄養学は、人間の「食」を幅広く扱う学問です。看護、医療、保健、生活科学、家政学部など、いろいろな学部で学ぶことができます。4年制大学で決められた単位を取得すれば「栄養士」の資格が得られ、さらに卒業前に実施される国家試験に合格すれば「管理栄養士」の資格が得られます。子どもたちを対象にした「食育」はいまや、学校現場などで専門家が求められているし、大人対象でも企業や福祉施設などでは食の専門家の活躍は広がるばかりです。

そ必要とされる学問と言えます。

大学によっては、生活環境学部、人間環境学部、教育学部などの専門分野の学科が設置されているところも数多くあります。範囲が広いため、食物系、被服系、住居系などの専攻・コースに分けられていることが多いようです。

一般的には、家政学原論を中心に、被服学、食物学、住居学、育児学などの基礎科目を学び、その後、専門的な科目を選択することになります。たとえば、生活科学科、人間生活学科、生活社会学科、生活文化学科、生活デザイン学科、生活デザイン・情報学科など、衣食住・児童・家庭経営全般を体系化した科目が充実しています。


生活デザイン学科を例にとってみると、衣と住生活を重視した側面から人間生活の質的向上を目指す研究を主題としています。

衣服やインテリアのデザイン、住居のデザイン、生活経営などを対象に機能性、快適性を研究していき、生活環境や人間関係、文化などを通して家庭、職場、地域社会、経済などについても学んでいきます。

●社会に出たときに即戦力になれる科目が多い

現代における家政学は、SDGsなど地球環境の問題と深くつながる研究もあり、近年ではIT技術と関連する科目も新設されています。

実用的な面では、食の場合は栄養やフードビジネス、住に関してはインテリア、建築、被服学ではファッションデザイン、アパレルビジネスなど将来の職業に直結した専門の研究もあります。建築関連の科目を勉強して、文系でも一級建築士の資格取得を得て建築士になっている人もいます。

理論的な分野としては、家庭の生活設計を経済学の視点で分析して研究対象としたり、少子化や高齢化社会、独身者の増加といった社会的背景と、家族のあり方の変化について考察したり、さらに家庭ゴミや生活排水と地球温暖化や水質汚濁との関係から環境問題を考える、といったグローバルな研究までさまざまです。

専攻する科目や学科によっては、資格の取得を目指すこともできます。被服学科では衣料管理士（1～2級）、食物学科では管理栄養士やフードスペシャリスト、住居学科では建築士（1～2級）やインテリアプランナー、児童学科では保育士や幼稚園教諭、小学校教諭、認定ベビーシッターなどの資格が取得可能です。また、中学・高校の教員免許や学芸員、図書館司書などの資格も取得できます。児童学科では幼稚園教諭の1種免許取得を卒業要件としている大学もあります。

卒業後の進路

家政学部では衣食住に関する知識や技能を習得できるため、就職先の選択肢は広いと言えます。すでに述べたように、さまざまな資格を取ることもできます。ほかにも食物学科卒業者は、料理人、パティシエ、フードコーディネーターになったり、食品メーカーや飲食店での仕事、住居学科では建築事務所、インテリアデザイナー、被服学科では服飾メーカーのパタンナーやアパレルデザイン、百貨店や商社などの仕事に就く人が多く出ています。

先輩体験記

“授業やカレッジタイムで、苦手を克服できた。授業でリビューテストなどのテストがあり、習ったことが身についた。国語の偏差値が50から65に。”

［ D.Oくん（早稲田大学 商学部）］

みすずに通っていた友達から「先生との距離が近く、面倒を見てもらえるからいいよ」と聞いて、浪人が決まった春に入りました。実は、現役時代に通っていた塾は、放任主義だったのです。だから、具体的に、何をどう勉強したらいいのか分からず、結局失敗したのです。

みすずは、少人数制でマンツーマンに近く、しっかり先生が見てくれます。指導も具体的で、分かりやすいです。何よりも、先生も職員さんも、とにかく生徒に対して熱心です。廊下で、友達とおしゃべりしてると、「勉強してね」と職員さんに言われ、ハッとします。「鬼滅の刃」の炭治郎が、胡蝶さんに「勉強してね」と、諭される感じです。やらざるを得ません。

みすずの授業は、毎回いろいろなテストがあり、習った内容がしっかり身につきます。特に、僕は復習のリビューテストがよかったです。復習の習慣がなく、復習が嫌いだったからです。それが皆の前で点数を発表するのです。最初は、ガーンときましたが、慣れると気持ちがいいものです。そして、100点取るまで、居残りさせられます。これがいいのです。「先生も良くやるよ」と思いながら、放任主義の何倍もいいなと、感激してました。これで、すっかり復習の習慣がついたのです。コマンドテストは、英単語と熟語のテストですが、本当に基礎力が付きました。これも、合格点を取るまで、居残りをするので単語力がつきました。口頭テストも、単語を覚えるのに役立ちました。やりっぱなしでない試験は、生徒にはありがたいですが、やる方は大変でしょう。それを、徹底的にやるみすずは、本当に良心的だと思います。

僕は国語ができなくて、1年前の偏差値は50でした。それが65、に伸びたのは、カレッジタイムのおかげです。カレッジタイムの先生が、あなたの苦手は国語だから、と言って苦手な部分の課題を出します。次の週に、やり残したりすると、エヴァンゲリオンの「シンジ君」が「ミサト」さんに、「何やってんのよ」としかられる感じで、一喝されます。自分に対して甘い僕に対しても、親身になってくれるので、どんな言葉も嬉しかったです。

国語の語彙力を増やすため、「言葉ノート」を作るように言われました。小さなノートですが、そこには、単語や用語や四字熟語を記入するのです。「あ」で1冊、「い」で1冊というように、あいうえお順に作るので、60冊くらいになりました。そのノートを、毎日、1回チェックしなさいと言われました。きつかったですが、国語力がメキメキつきました。

現役で失敗し、春にダメなところを見つめ直しました。そして、早稲田を目指そうという目標を、1冊のノートに書いたのです。みすずで弱点を克服し、その目標を達成することができました。これはまさに「デスノート」の逆の、「やったぜノート」です。表紙は、桜満開の絵。その桜の木の下に、笑う僕がいて……。早稲田を卒業するまでに、社会人となる自分に向けて、またそんなノートを作りたいです。

（浪人合格）

社会科学系

- 法律学
- 政治学
- 経済学・経営学
- 商学

社会生活に必要なシステムやルールを考える

私達を取り巻く社会を、あらゆる方向から研究する

私たちが暮らしている「社会」を研究する学問分野が社会科学系です。社会のルールやシステム、生産・消費活動、社会に存在するさまざまな組織と運営方法など、私たちをとりまく社会生活をさまざまな角度から検証します。具体的には、法学、政治学、経済学、商学などの実学が中心になります。実社会と密接につながる分野での研究がメインとなり、社会に出てすぐに役立つ専門知識や実務技術を学ぶことができます。

家族や学校、企業、また国家や国際機関など、身近な集団から国際単位まで、私たちは、なんらかの組織に属しています。日常的に法律を意識する機会はなくても、賃貸契約や交通規則など、法律は日々の生活と密接にかかわっています。

法とは、つまり「社会のルール」のことです。例えば、学校や会社、コミュニティー独自の決まり事は、私たちの生活に密着しています。法学を学ぶことで身近にトラブルが起こったときにも、

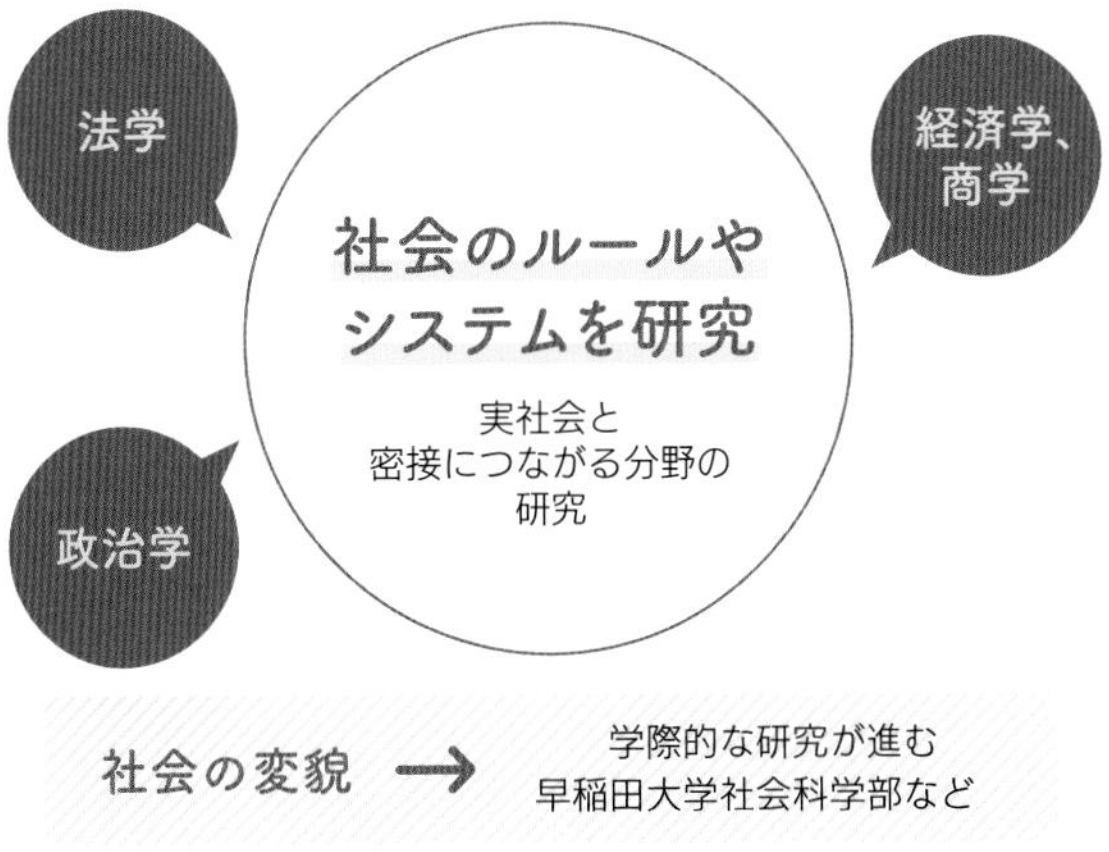

論理的に原因や状況を説明し、解決していく力を身につけることもできるでしょう。

また、社会生活で生じる権利の侵害や利害の衝突を防いだり調整することを、国や地方自治体が行う営みが「政治」です。国内外で起こっているさまざまな課題を政治に関連づけて理解することを学びます。

経済や経営では、市場経済の原理、商業と流通のしくみ、企業の業務と経営、会計や財務などを学ぶことで、ビジネス関連の仕事についたり、起業する際に役立ちます。

一方、公務員試験を受験し、国や地方自治体の公的機関で仕事をする、また、企業活動における法律知識や専門実務を体系的に学ぶことで、法律家や公認会計士、税理士など国家試験を受けて専門職につくなど、大学での勉強を直接仕事に結びつけることができます。

社会が大きく変貌しつつあるなか、従来の社会制度や組織のあり方をあらためて検証し、未来につなげていくうえで重要な分野です。さらには、資源枯渇、環境汚染、食糧不足、安全保障問題など、解決すべき課題を研究するため、学際的な研究も今後は進んでいくでしょう。

社会科学系

法律学

どんなことを学ぶのか

私達が生きていくうえでかかわっている法律には、どんなものがあるのかを学び、その法律ができた背景や根拠を学ぶだけでなく、実際の社会問題や事件などに対して、どの法律をどう適用するかを考えていきます。法律の一つひとつについて意味や内容を研究したり、事件を法の理念に照らし合わせて、法律をどのように適用するかについて学んでいきます。

私達の生活の中で起きるさまざまな事件や事故、社会現象などを正しくとらえ、法律にのっとってどのように解決していけばいいのかを、論理的に考える力を付けていきます。

社会で生じるほとんどの事象は、なんらかの形で法律とかかわっているため、法学で学ぶことは多岐にわたります。

法律といわれてもピンとこないかもしれませんが、社会のルールと考えれば分かりやすいでしょう。学校や会社、コミュニティー独自の決まり事は、私たちの生活に密着したものです。普段の生活の中で相手と意見が食い違うことは日常的なことですが、トラブルが起こったときに、言葉を使って論理的に原因や状況の説明をし解決していく力を身につける、私達一人ひとりが生きていく上で、たいへん役に立つ学問です。

●法律の基本「六法」と応用分野を学ぶ

大学の授業では、憲法、刑法、刑事訴訟法、民事訴訟法、民法、商法の6つの法律、いわゆる「六法」を基本に学んでいきます。行政法を加えて「七法」とする場合もあり、大学のカリキュラムでは、「六法」や「七法」を主要科目とするところがほとんどです。

さらに、法律は、「公法」と「私法」の2つに分けて考えられます。「公法」とは、国や地方公共団体などの公権力同士、もしくは公権力と私人との間における関係を規律するルールで、憲法や行政法、刑法などがこれにあたります。

「私法」は個人同士などの関係を規律するもので、民法や商法などがこれにあたります。「公法」を中心に学ぶコースと「私法」を中心に学ぶコースなどを設けている大学もあります。

また、基礎法学と呼ばれる分野もあります。〝正義とは何か〟といったような、法そもそもの問題を探求する「法哲学」、法への意識など法と社会の相互関係を考える「法社会学」、法律の歴史や法律の発展過程を学ぶ「法制史」などがあります。

応用的な分野としては、「労働法」「租税法」「知的財産法」「経済法」など、さまざまな専門分野の法律も学びます。

また、国同士を対象とした「国際公法」や、国境を越えた企業同士や個人同士の法律問題を対象とした「国際私法」を学ぶこともできます。さらに、他国の法律を学び、日本の法律についての理解をより一層深めていく「比較法」も取り入れられています。

法律全体に通じる理念、個別の法律や条文の意味を探求していきますが、

column

大学入学共通テストは、どの科目も「思考力」が求められる

近年の「共通テスト」はどの教科・科目でも「思考力」が重視されています。多くの科目で、回答するときに学術資料とか人物どうしの会話を読み取ってとか、メールのやり取りなどから類推してなどと、〝読みとる力〟が求められます。長い文章を読んで、必要な情報を素早くまとめるなどの勉強も大事になっています。

法律の基本的な理解はとても重要です。現代社会は、インターネットの普及に伴う著作権や人権など、新たな法的事案が次々と発生していることから、こうした法律の判断が社会的に大きな意義をもつ事例が多くなっています。

●国際系やビジネスを組み合わせた法学も

近年では、国際法やビジネス系を軸に法学を学ぶ学科も増えています。国際法や、英・米・独・仏など各国の法律について学ぶ科目が多くなります。また、法学以外の科目として、国際労働問題、多国籍企業論、地域研究、語学などを題材とした専門の講座などをそろえる大学もあります。

たとえば、国際関係法学科は、法学や政治学の観点から国際社会について学び、安全保障や環境といった地球規模の法政策なども研究します。英語で法律を学ぶ大学もあり、グローバルな視点でそれぞれの国への理解を深めることができ、将来は国際的な職業に就く道も開けます。

さらに、経済やビジネスも関連させて学ぶ大学もあります。法学と関連する学科を設置している大学は多く、商法や特許法など経営に関する法律、諸外国の法律などを専門的に学べる大学もあります。

卒業後の進路

司法書士や社会保険労務士など資格の必要な職業に就きたい場合、試験対策のバックアップを受けることができる大学もありますので、資格試験の合格率をチェックしておくことも重要です。

また、弁護士、検察官、裁判官という法曹三者を目指す場合、司法試験の合格率が高い大学を選びましょう。志望する法科大学院との協定があるかどうかについても、事前に確認しておいてください。公務員を目指す場合は、公務員向けのカリキュラムを実施しているところもありますので調べておきましょう。

業界を問わず、法務を担当する部署を置いている企業は数多くあり、法学部生の就職先も多岐にわたります。

金融業界では、企業経営や取引きなどに関する法的な知識が役立ちます。

トレーディングを行う商社も、法学部で学んだ法律の知識を活かせる職種です。法的側面からのリスクヘッジ（株や為替などの取引きに伴う利益や損失などを判断し、その行為を行うこと）などの能力も必要とされています。

情報・通信業界は変化のスピードが早い業界です。法的な決まりや規制などの変化に柔軟であり、法的センスを持っている人材が、これからますます必要とされてきます。

社会科学系
政治学

どんなことを学ぶのか

　私たちの暮らしは、なにごとも政治によって成り立っています。個人の暮らしや国家間のかかわりも、すべて政治が支配しています。戦争も、国と国との政治が引き起こしている、不幸なできごとです。「政治」とは、社会制度の基礎となる枠組みを決めることです。「政治学」は、政治理論、政治思想史、政治史、公共政策、国際政治などについて総合的に研究していく学問です。

　政治学は、古代ギリシャで生まれた長い歴史を持つ学問です。国や国民、民族がよりよい暮らしを求めて、権力や政治体制を決めてきました。国民や国内の多民族の支配や、治安、他国との貿易、経済活動、戦争など、国を治めるための実用学であり、歴史的に高度な理論体系が確立してきました。

●時事問題を考える上でも役立つ身近な学問

多くの大学で政治学部は、他の学部に比べて、選択肢の幅が広く、社会学部的な側面や国際学部的なカリキュラムを持つところも多くなっています。政治学というと難しそうに感じるかもしれませんが、この学部に設置されている授業は、毎日のようにニュースに登場する時事問題を理解する手助けともなるので、日常生活にも役立つ身近な学問と言えます。

私たちが社会的な生活をおくるうえで必要な社会システムを考え、どのように生活していくかを考える学問でもあります。人々がより幸せで満足のいく生活をおくるためには、どのような社会であるべきか、そのために、どのような社会の枠組みを作っていくべきかを研究し、さまざまな社会制度について学んでいきます。

具体的には、国内の問題を見た場合でも、少子高齢化や介護・福祉から、国際紛争への対処や安全保障の問題、あるいは難民問題などなど、政治学のアプローチから幅広い視点で研究していく必要があります。

日々の暮らしから世界平和にまで及び、人が生きる上で必要な社会制度に関する根本的なテーマを扱う学問です。

社会生活で生じるトラブル、たとえば権利の侵害や利害の衝突を防いだり、調整したりすることで、社会の公平と秩序を実現するための根幹が政治なのです。政治学では、主に国や地方自治体、あらゆる地域や組織、団体に生じる利害の調整をする役割も担います。

社会を円滑に運営していくための方策として、国家の形態、政治権力、政治行動などを考え、政治哲学、政治形態の歴史的推移や国家間比較なども研究していきます。

政治の基本的な仕組みやその成り立ち、思想的背景などの基本的概念、また、法学や社会学、経済学なども関連づけて、幅広い知識を身につけていきます。地方自治論、行政法、公共政策論、国際政治など多岐にわたる専門分野があり、興味のある分野を選択して自分のテーマを決め、研究をまとめていくことになります。

●基本的な考え方や原理を理解して応用し、実践するまで

現代の日本や多くの西欧の国では、「国民国家」「民主主義」の考え方に基づいて、国家が権力を発動し国を運営しています。一方、イスラム国家や社会主義国家など日本とは異なる政治体制もあります。さらに、直接民主制、君主制、共和制など、歴史的にはさまざまな国のシステムの変遷があります。国家の形態や政治権力について分析し、社会を円滑に運営していくための方策を探究することが、政治学の目的です。

「政治学」は、法学や経済学、社会学など幅広い社会科学系学問の基本知識を学んだうえで、「国家」「国民」「権利」「民主主義」といった基本概念や政治の原理を理解し、現代の政治理論を体系的に学びます。その土台のうえに、国家論、政治体制論、政治社会学、ナショナリズム論といった応用科目を履修します。

理論分野では、以下のように分けられます。

◎政治思想：政治の基本理念や思想

column

学部の中に、細かな学科を設けない大学もある

現在、日本のすべての大学の学部の数は約2000以上、学科数は約5000以上あると言われています。学部の下に、専門の学科が設置されているのが普通です。しかし最近は学部の中に学科を設けない大学も出てきました。早稲田大学、関西学院大学の商学部には学科組織はありません。また筑波大や福島大などは学群・学類制を取っていて、金沢大では学域・学類制をとっています。従来の学部で学ぶ内容を幅広く勉強したいという学生たちの希望を生かした対応です。

◎政治史：政治思想の歴史的変遷を追う
◎比較政治：各国の政治のしくみと実態を比較研究する
◎国際政治：衝突や紛争、国家間の円滑な経済関係や支援、国際機関の成り立ちや機能などについて研究します。

そこに実践的研究を入れるカリキュラムを持つ大学もあります。地域や地方自治体の具体的な政策作りに参加して、学問の成果を発揮している大学や学部も多くなっています。

一方、政治思想では、古代から現代までの政治思想の歴史を学び、各時代の国家体制と現代の政治体制との比較分析を行います。アメリカ現代政治思想、日本現代政治思想、比較政治論など各国の現代政治システムを扱う科目や、西洋政治史、アメリカ政治思想史といった思想史関連の科目が重要な柱となります。

政治学は実践学でもあります。政治現象の分析、政策研究、外交や国際関係を扱う国際政治などの具体的な課題研究に取り組みます。

また、「行政学」の分野では、国や地方自治体のあり方や、その政策の立案、実施などについて研究していきます。法律や社会学、経済学など、関連する学問についても幅広く学ぶのが一般的です。

卒業後の進路

行政関連、国家公務員、地方公務員、専門性の高い国際公務員、社会科教員などの職業で活躍できます。一般企業においても、金融、メーカー、マスコミなど、政治に関する知識を活かせる道は多岐にわたります。

社会科学系

経済学・経営学

どんなことを学ぶのか

経済学・経営学は、いずれも経済活動にかかわることが研究対象ですが、研究対象の範囲がそれぞれ異なります。

「経済」とは、社会生活に必要な生産・消費・売買といった活動のことです。経済学では、そうした経済活動の現象やその仕組みを研究します。

一方、経営学は経済活動を行う企業など個々の組織を研究対象としているので、主に企業に視点を置きます。

学部としては「経済学部」があり、経済学科と経営学科、さらに商学科を設置している大学もあります。

経済とは、ヒト、モノ、カネ、情報が生産され、取引きされ、消費され、さらにはそれを繰り返す関係のことを言います。経済を通じてどのように社会全体が形づくられていくか、私たちの生活がどのような仕組みで成り立っているのかを学んでいく学問です。

経済活動は、家計・企業・政府などにより行われますが、社会においてそれぞれがどのような役割を果たしているのか、どのように関連し合うかといった仕組みについて学んでいきます。

●ミクロ経済とマクロ経済の2方向のアプローチ

経済学では、政府や企業、家計の全体像をとらえて研究する「マクロ経済学」と、個々の企業や家計から経済を考える「ミクロ経済学」という2つのアプローチで学ぶことが一般的です。

経済学部には、理論系の学科と、実際の経済を重視する実証系の学科があり、そこからさらに応用系の学科に分けられますが、理論的に学びたい人も、理論を研究したい人も、知識を役立てる応用方法を知りたい人にも応えられる、幅広いカリキュラムが組まれている大学が増えています。

経済学には、経済理論、統計学、計量経済学、国際経済学、開発経済学、環境経済学、経済史などがあり、多くの専門分野を学ぶことができます。ミクロ経済学やマクロ経済学、計量経済学といった数学を駆使する経済学を中

column

2025年入試から、大学入試制度が変わる

2022年4月から高校に入学した学年から、新しい「学習指導要領」によって進められた授業に合わせた共通テストが実施されます。新教科である「情報Ⅰ」に加え、国語、地歴・公民、数学に大きな変更があり、科目・教科数は、これまでの「6教科30科目」から「7教科21科目」になります。

心に学ぶこともできるし、政治と経済の両面から研究する政治経済学を中心に歴史や制度を分析する研究もあります。

ミクロ経済学は、経済学をミクロ的な視点（狭い視点）から分析していきます。家計（個人）や企業を最小単位として、その行動や意思決定がどのようになされるかを扱っています。

対して、マクロ経済学は、経済学をマクロ的な視点（広い視点）から分析していきます。国のレベルで物価や消費、金融などの動きから経済全体を考えていきます。

経済理論に基づく経済の仕組みを学びながら、資源を活かして社会を豊かにする方法を研究するなど、ミクロ経済学とマクロ経済学を学ぶことで、複数の視点で家計の消費と企業の生産に目を向けることができ、多角的に経済の理解を深めることができます。

さらに、国際的な視点で経済学を学べる場も多くなっており、グローバルなビジネスの知識を身につけることができる大学も増えています。

●企業活動を実践的に学ぶ経営学

経営学は、企業や組織をどのように適切に構築していくかを研究する学問です。企業に焦点をあて、企業活動の原理やその経営や組織運営の具体的な方法について学びます。社会全体のお金の動きを捉える経済学とは異なり、企業の経営行動や組織運営を研究していきます。さらに、大学によっては商学部を設置しているところもあり、企業や組織内の資金の流れをメインに学んでいきます。

企業や組織に近いレベルで経営の視点から専門的に学べます。経営学部は経済学部と比べて実践的な科目を多く学びます。

マーケティング、組織論、経営戦略など経営の基礎知識を身につけ、企業や組織の経営理論を勉強し、会計やマネジメントなど、さまざまな角度から組織経営について学んでいきます。

また、組織経営だけでなく、経営に付随する経済の知識や、法律の仕組みについても研究します。あわせて簿記やファイナンシャルプランナーなどの資格取得に対応する講義もあるので、社会で即戦力として役立つ力を身につけることもできます。

いかにして商品・サービスを売るかの戦略は、マーケティングの職種ですが、インターネットの普及やSNSの発展が世界の経済活動を大きく変化させました。現在、マーケティングがより重要となっているビジネス界にあって、Ｗｅｂマーケティングのノウハウなしに経営戦略や販促戦略を語ることはできない状況です。マーケティングを学ぶことは、経営学において重要な要素となっています。

卒業後の進路

【経済学】 卒業後は、金融機関を中心に、情報通信、製造業分野など幅広い民間企業のほか、中央官庁・自治体職員といった公務員への就職、大学院への進学など、多岐にわたる進路が考えられます。

【経営学】 組織経営、財務や会計の知識などを業務に活かせる「金融・保険業界」に進む人がもっとも多く、職種も経理、営業、マーケティングなど多岐にわたります。

社会科学系

商学

どんなことを学ぶのか

　私たちはコンビニやスーパーなどで毎日のように買い物をしています。事業者にとっては、それはいわゆる「商売」、つまりビジネスです。何かを売ることによってコンビニには利益が出ます。そうしたお金の流れについて学ぶのが商学部です。モノを買う私たちは消費者、モノは商品と呼ばれます。消費者がいて商品があれば、ビジネスが成立します。金融業や貿易など、形は違っても提供する商品があり、消費者がいれば、それはビジネスが展開されていることなのです。

●企業がどのような仕組みで動いているかを学ぶ

　お金の動きを読み解くことが商学部における中心課題なので、企業や社会がどのような仕組みで動いているかを研究していきます。

最近どの大学でも、「人工知能（AＩ）」や、「モノのインターネット（Internet of Things　略してIoT）」によって、ビジネスがどのように変化しているのか、など最新のトピックを扱う講義が充実している大学が多くなってきました。

商学部は、経済学部や経営学部と似ていますが、違いはどこにあるのでしょうか。経営学は企業経営、経済学は理論を重点に学ぶのに対して、商学部は会計や税務、生産管理といった企業の経済活動そのもの、つまりビジネスを学ぶ学問です。商業活動の多くは民間企業が行っており、商学は、あらゆる企業の経済にかかわる活動を研究する学問です。かつては「商学」という名称を使っていた大学においても、「経営学」に含めていることが多くなってきています。


マーケティング、ファイナンスといった言葉は聞いたことがあるかと思います。商学とは、マーケティングの仕組み、企業の会計、ファイナンス等について研究していきます。ビジネスに関わる実践的な学問と言えます。

ビジネスとは、「ファイナンス」で資金を集めて、「マーケティング」で消費者が欲しいモノを提供することです。「会計」は、会社の成績表のようなもので、会社の健康状態を測る指標となります。「会計」は、会社の状態を把握することは、目標やビジネスの展開方法を決めるためには欠かせません。このように「マーケティング」「会計」「ファイナンス」の3つの分野は、ビジネスを成功させる上でうまく機能させる必要があります。そのための専門知識を高めるために、「経営」「会計」「マーケティング」「国際ビジネス」「金融・保険」「経済」「産業」などの科目を学びます。

「ヒト・モノ・カネ」の動きを研究する

具体的には、「ヒト・モノ・カネ」や情報といった経営資源の調達・管理・運用方法を検証していく学問と言えるでしょう。ですから、まずは企業の機能について学ぶ必要があります。

たとえば、メーカー企業であれば、商品を開発する部門、商品を製造する部門、商品の宣伝をする宣伝部や広報部、人材の雇用や活用の分野を扱う人事部門、資金を調達する財務やお金の出入りを管理する経理など、さまざまな部署があります。こうした役割分担に基づいて企業は機能しており、そうしたシステムを検証することが、商学のメインの研究課題となります。

企業は、商品を売るため人や社会が何を欲しているかを知り、利益を出す方法を見つけなければなりません。つまり、企業を運営していくためには、課題を見つけて解決していく力を養うことが必要です。そのため商学の分野では、理論を学ぶだけでなく、実践的なカリキュラムを重視する大学が多くなっています。

また商学部では、簿記や会計などの専門スキルを身につけ、資格取得を目指すことも可能です。日本商工会議所主催の簿記検定を単位認定してくれる大学などもあります。簿記は金融関係や会計事務所、企業の経理部などに就職したり、起業する際にも有益な知識となります。

卒業後の進路

銀行、証券会社、保険関連などの金融関係の企業を中心に、コンサルタント系企業、メーカーや商社などに進む学生が多い傾向があります。財務や税法、監査などの知識を生かして公務員、会計事務所、税理士事務所へ就職する道もあり、働きながら公認会計士や税理士を目指す人や、大学院へ進学して研究を重ねたり、ＭＢＡ（経営学修士）取得を目指す道もあります。

“合宿や学習道場で大変身！みすずは「絶対に伸びる予備校」です。”

［Y. Mさん（慶應義塾大学 文学部）］

「記念受験のつもりで受けてみよう」。銀座のブティックに、ちょっと立ち寄る感じの受験。それが私の慶應受験だったのです。それが、まさか合格するなんて……。私の心は、一瞬でセレブに染まりました。私も親も、友達も学校の先生も、信じられない快挙でした。なにせ、私は高2になっても、英語のSVOCが分からなかったのです。それで、何とかしなくてはと焦り、もがき続けてました。そんなとき、高校の先輩がみすずに入り、中位のクラスから慶應と上智に合格したことを知りました。それで、「私もその先輩のようになりたい！みすずで勉強したい！」と思って入ったのです。それが、焦りの気持ちの煮詰まった、高2の3学期でした。それがなんと、一年で私も伝説の先輩になれたのです。たった1年で、英語が信じられないくらい伸び、全てが伸びた結果です。みすず学苑じゃなかったら、SVOCも曖昧なまま受験し、結果は絶望の谷間だったでしょう。

みすず学苑の思い出は、キラキラしてます。特に、英語は合宿に参加した後、別人のように実力がつきました。キラキラ輝く、エリート人間です。とにかく、夏の合宿は5日間、冬は4日間、徹底的に入試問題を解きました。私は英語で参加したので、長文問題を100題以上解いたのです。自分一人だと、絶対にこの量はできません！しかし、みすず学苑は、面白い工夫がいろいろしてあり、みんながやれるのです。それで、合宿前には解けなかった長文問題が、合宿後はスラスラ解けるようになりました。もう感激で、こんな日がくるとは思わなかったです。ここが、キラキラに変身した所です。

変身の機会は、まだまだありました。例えば学習道場です。学習道場があったお陰で、勉強時間が飛躍的に伸びました。家だと、結局集中しないままボヤンと時間が過ぎます。長時間、椅子に座る事ができるようになったのも、道場で訓練したおかげです。努力する自分に感動して、泣きそうになりました。きっと、伝説の先輩も、こうして変身を繰り返し、あんな奇跡を起こしたのです。私もそうでしたから。

友達もたくさんできました。同じ目標に向かって頑張る、仲間みたいな友達です。実は、私は、積極的に質問するタイプじゃないし、初対面の人も苦手です。でも、みすず学苑は少人数制で、アットホームで、先生もスタッフも優しい。だから、この温かい雰囲気の中で、すぐに仲良くなれたのです。

みすずで一番よかったのは、そこです。これが、伝説の先輩を生んだ原動力だったと思います。どの科目も20人くらいの人数です。だから、先生との距離も近く、何でも聞ける雰囲気なのです。実際に、私はドンドン聞きました。それに対して、先生はいつも丁寧に答えてくれました。みすず学苑は、こうして、どんな人もキラキラに変身させ、合格させてくれるのです。伝説の先輩の一人になった私が、後輩のみなさんに贈る言葉は、「みすず学苑で変身し、自分の憧れの大学へ行こう！」です。

（現役合格）

人文科学系

- 文学
- 外国語学
- 歴史学
- 心理学
- 哲学
- 地理学
- 文化学

人間に関する思考や考察、歩みなど広範囲の研究

複雑化する現代社会を多角的にとらえて

人文科学は、社会科学や自然科学と比べると、明確にイメージをすることが難しい分野かもしれません。同じ文系でも、社会科学が組織の制度を扱うのに比べて、文学、哲学、心理学、史学、考古学、民俗学、言語学など、個々の人間の思考や考察に関連する研究と言えるでしょう。高校で習う国語や社会をより細かく専門化し深く研究する、と考えると分かりやすいかもしれません。人間の足跡を研究する考古学や歴史学、文化・芸術・文学などを学ぶ文化論、人間の心や行動、生活などの面からアプローチする哲学、心理学などが一般的です。いずれも、人間に関するあらゆる研究をしながら新たな疑問を発見し、その答えを探っていきます。

実社会のスキルには直接結びつかないとして、昨今では人気が落ちている分野にもなっています。しかし論理的な思考力や文章力、語学力、コミュニケーション力など、幅広い力を身につけることができ、プレゼンや企画書・資料制作など、社会に出てから実践に役立てることができます。

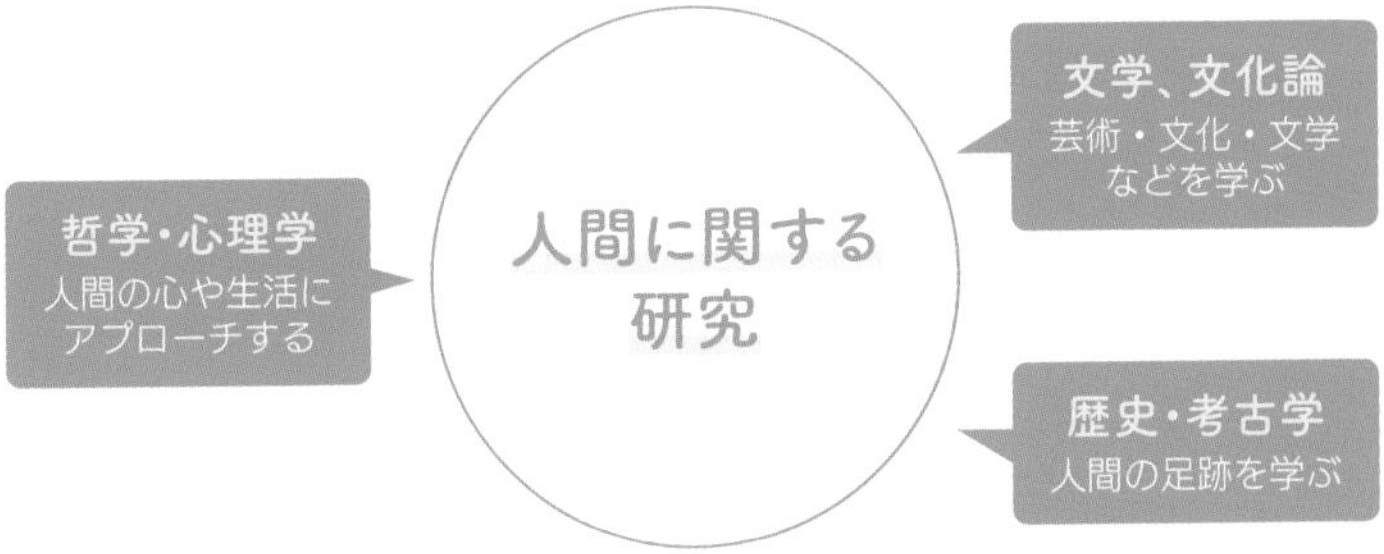

新しい学科の動き

科学技術と人間社会の調和が課題 → **文理融合の知識が必要**

早稲田大学 人間科学　東北大学、千葉大学 行動科学

資料や文献を読むことに時間を割く学問であるため、人文科学系に進む人は、言葉を扱うことにたけています。そのため、卒業後はメディアにかかわる仕事につく人も多くいます。教員や学芸員、認定心理士、社会福祉士など幅広い資格を得ることもできるし、研究職を目指して大学院に進む道もあります。さらに、最近ではマーケティング分野への興味も高まり、人間科学や行動科学などの新しい学科の人気も上昇しています。

人文科学の分野は、主に文学系に設置されている学科ですが、科学技術と人間社会の調和が課題になっている近年、持続可能な社会を実現するためには、文理融合型の知識が必要となっています。情報メディアやバイオテクノロジーの高度化により、社会問題について論じるためには、文理双方の知識が不可欠です。そうした観点から、人文科学の学科はより幅広い分野との関連を持ち、多くの大学で、文理の枠を超えた科目を選択できるようなシステムを備えています。

人文科学系

文学

どんなことを学ぶのか

昨今ノーベル文学賞の候補に、日本人の小説家の名がよく挙がっています。かつては、大江健三郎や川端康成が受賞しています。しかし文学部では、単に小説などについて学ぶのではありません。

文学とは、「言語によって表現される芸術作品」です。小説や評論、詩などをイメージするかもしれませんが、広い意味では、人間がこれまでの歴史のなかで作り上げてきた文化を多角的に研究していくのが、いわゆる文学についての学問です。文学部が扱う対象は広く、人間の〝生き方〟を読み解き探究する学問とも言えるでしょう。大学では、日本をはじめ英米仏独など各国の文学を研究していく学科が中心となります。

●作家の書いた文学作品の言語表現を研究

近年は、電子書籍がスマホでも読めるようになり、気軽に文学に触れることもできるようになりました。好きな作家がいたり、お気に入りの小説がある、という人もいることでしょう。一方では、この日本では今、活字離れが起こっていると言われています。書店で書籍を買うことは少ないかもしれません。いずれにしても、「読書が好き」な人にとって、自分の興味がある世界をつきつめていける楽しみがあります。

作家を志す人であれば、文学部はもっとも適した分野と言えます。村上春樹など多くの著名な小説家も文学部出身です。最近では、早稲田大学文化構想学部や明治大学文学部 文芸メディア専攻など、創作系の学部を選択することもできるようになっているし、短編小説執筆が課題とされる大学・学部もあります。といっても創作小説の書き方を学べる大学はそれほど多くありません。作家の書いた文学作品などを研究することがメインとなります。

学科として設置されている分野としては「日本文学」「英米文学」「ドイツ文学」「フランス文学」「ロシア文学」などが代表的です。世界各国・地域の

column

これまでノーベル文学賞に選ばれた日本人は2人だけ

日本人でノーベル文学賞を受賞した作家は、川端康成（1968年）と大江健三郎（1994年）の2人です。3人目は、村上春樹？ と毎年のように噂されていますが未だ受賞していません。彼は『海辺のカフカ』（2002年）という作品で、日本人3人目のノーベル文学賞候補者として注目されるようになりました。この作品が、チェコのフランツ・カフカ賞を受賞したからです。かつて外国人作家がカフカ賞の受賞と続けてノーベル文学賞を受賞したことで、次は村上春樹か、と噂さ

小説や詩、戯曲、評論などの文学作品をその国の言葉で研究します。原文を読み込んでいかなくてはならないため、語学力も必要です。さらに、各国の文化や歴史に関する知識も身につけて、作品を分析する力を養います。外国文学が好きな人だけでなく、その国や地域の文化や歴史に興味がある人にとっても、魅力的な研究対象でしょう。英語やフランス語、ドイツ語などの言語そのものを学びたい場合も、単に外国語を学ぶだけではなく、その国の言語表現について、文化に照らして探究していく奥深さがあります。

●作品の時代背景や文化も学ぶ外国文学

① 日本文学（国文学）

日本語で書かれた小説、詩、評論、戯曲などの文学作品を通して、日本人と日本文化の本質を研究するのが日本文学です。日本の文学作品は、奈良時代に書かれた「日本書紀」をはじめ、1000年もの長い歴史を持つ文化遺産です。作家の経歴や作品成立の時代背景、作者自身のものの見方や考え方を検証しつつ、文章の構成や文体などの特徴を研究していきます。文学作品のテーマに潜む社会・文化・思想・風俗などを研究対象とし、哲学や歴史

れるようになったのです。3人目の日本人ノーベル賞作家は、はたして誕生するのでしょうか。

学、心理学、社会学など関連する学問にも踏み込み、作品の全体像をとらえていきます。

日頃から本や文章に慣れ親しむことで、文学部の学生は、エントリーシートなど、就職活動に必要な書類の文章をうまく書けるようになるとも言われます。文章力を鍛えられるという意味で、社会人になってからも役に立つ利点と言えます。

② 英米文学

イギリス文学やアメリカ文学を中心に、広い意味では地域を問わず、英語で書かれた文学すべてが含まれます。実用英語の習得を主たる目的とするのではなく、英語によって築かれた文化や作者の意図・思想・考え方などを分析し、英語で書かれた語学的表現などの知識を身につけていきます。イギリス文学と言えば、古典のシェークスピアがおなじみですが、アメリカ文学となると、ヘミングウェイなど少し時代が新しくなります。イギリス文学作品とアメリカ文学作品では、同じ言語でも文化や歴史の違いが顕著です。自分の興味に照らし合わせて選ぶのも「文学」を学ぶ面白さと言えます。

3 フランス文学

フランス語は、ヨーロッパの共通語として用いられ、西洋文化を支えてきた長い歴史があります。フランスで生み出された思想や哲学、文化は世界中の研究者や作家、芸術家に多くの影響を与えています。哲学ではルソー、文学ではバルザックなど、誰でも名前を聞いたことがあるはずです。フランス文学はフランス語で書かれた文学作品を研究する学問ですが、作品を読み込むには、フランスの文化や哲学、思想も学んでいく必要があります。また、フランス語圏はカナダやアフリカなど世界中に広がっているので、フランス以外のフランス語文学を選択することもできます。

4 ドイツ文学

ドイツ・オーストリア・スイスに代表されるドイツ語圏は、長い時代にわたって、ヨーロッパにおける重要な文化圏を形作ってきました。その伝統あるドイツ語圏世界の文学・語学・文化を研究することが中心です。ゲーテやヘッセなどの小説は読んだことがある人も多いでしょう。ドイツ語圏文化の知識を深めるために、国による歴史・思想の理解も必要になります。

そのほか、異なる地域の作品を読んで、それぞれの文化の違いを比較し研究する「比較文学」や、小説や詩などを創作する「文芸学」などがあります。それぞれの特徴を調べて、自分の興味のある分野を選ぶようにしましょう。

卒業後の進路

出版社や新聞社、テレビ局などのマスコミ業界に進む人が多い学部です。語学力やその国の文化、歴史などの知識を活かして、航空会社、商社、旅行会社、外資系企業などの海外ビジネスを展開する一般企業も選択肢に入れることができるでしょう。また、教員免許を取得して教師になる道もあるし、大学院で自分の興味のあるテーマを究める道もあります。もちろん、小説家などプロの書き手になる人もいます。

人文科学系

外国語学

どんなことを学ぶのか

将来性があり、実用的な「外国語学部」は、今、最も人気のある学部の一つとなっています。グローバル化が進む近年、一般企業のみならず、新しい時代に向けたビジネスを起業した「スタートアップ企業」や官公庁など、外国語に堪能な人材のニーズは高まる一方です。海外の生活や文化に興味がある、将来、国際協力に関わりたい、そのような人にも最適の学部です。外国語学部では、言語だけでなく、国や地域で使われている言語の裏側にある、歴史や文化などを広く理解することも目的としています。外国語を流暢に話せるだけでなく、各言語の背景にある歴史や思想に基づいた、様々な考え方、見方を身につけていきます。

●言語だけでなく、背景にある歴史や文化を学ぶ

外国語が話せる人の需要が高まり、外国語ができれば、業種を問わず就職にも有利になるし、留学したいと考えている人、将来、海外を舞台に活躍したい人におすすめの学部です。また、外国語学部には、外国人留学生が多く在籍している大学も多く、日常的に外国人と交流できることから、外国語やいろいろな国の文化を知る上でも役立ちます。

多くの大学の外国語学部は、言語の文法や読解、会話など、語学自体について学ぶ「言語研究」と、その言語の成り立ちや、言語が使われている地域の文化や歴史などを学ぶ「地域研究」に分かれています。さらに、言語学では、音声言語と文字言語にわけられる「言語」そのもののしくみを解き明かし、その言語の用いられ方を探ります。また、翻訳、通訳といった実践的な語学を学ぶほか、外国語を通して歴史・経済・政治など、幅広い分野についても学べるのが特徴です。大学・学部によって言語の習得に重点を置いているのか、地域研究に重点を置いているのかが異なるので、調べておくとよいでしょう。

column

英語外部検定を入試に利用する大学が増えている

「読む」「聞く」「書く」「話す」のいわゆる「英語4技能」が試される大学入試で、これらの力を客観的に判断できる「英検」などの「英語外部検定」を利用する大学が多くなっています。2018年には全国で368大学だったのが2023年には432大学となっています（一般選抜、学校推薦型、総合選抜型の合計）。

●海外留学制度が充実、言語と文化を実地で理解する

大学に設置されている学科としては英語を筆頭に、フランス語、ドイツ語、スペイン語、中国語の他、様々な国・地域の言語、文化を学ぶ学科があります。大学によっては、東南アジア諸国や中東諸国など珍しい言語などについて学ぶことも可能です。それぞれの語学でコミュニケーションできるように読む・聞く・話すを学ぶほか、言語の成り立ちや、その言語が使われている地域の歴史・文化などを幅広く研究していきます。

外国語学部には、海外留学制度が充実しており、海外の大学への留学制度が豊富に設けられているという特徴があります。言語を習得するには、その国や言語圏の背景にある文化や歴史、政治、経済などへの深い理解と知識が欠かせません。実際にその言葉が使われている国や地域で生活しながら勉強することで、言語と文化の両側面から異文化を理解していくことを目指します。

半年~1年ほどの留学を卒業のための必須条件としている大学も多いし、制度を利用した留学で、先の大学で取得した単位が帰国後に日本の大学で認められることもあります。また、日本語を一つの言語としてとらえて研究す

る「日本語学」を設置し、外国人に日本語を教える、日本語教員養成のカリキュラムを設ける大学もあります。

卒業後の進路

外国人に接することの多い航空業界、観光・ホテル業界の企業やフリーランスの翻訳・通訳・ガイドなど多岐にわたります。また、商社、メディア、メーカーほか、海外との交渉が多い一般企業にも多くの人が進みます。現在は、小学校でも英語の授業がカリキュラムに組み込まれているし、外国語教師の需要も高まってきています。また、大学院に進んで研究者になったり、国連職員など国際公務員になる道もあります。産業界でも、工業や小売業などグローバル化により、従来よりも外国語が重視されるようになり、採用も増えてきました。特に、中国語、東南アジア諸国の外国語知識を持つ学生のニーズが高まっています。

人文科学系

歴史学

どんなことを学ぶのか

私達はなにごとかを考えたり、物事を決めたりするときに、過去の「歴史」に思いをはせ、参考にすることはよくあります。「歴史に学べ」とは、よく聞く格言です。先人がどのように生きたか、それぞれの時代状況の中でどのような判断を下してきたか、現代を生きる私たちにも多くの教えがあります。歴史を研究することにより、さまざまな知識や知恵を得ることができ、人生の指針となってくれます。

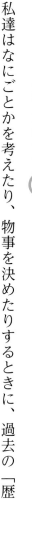

●専門とする時代や地域を踏み込んで研究する

「歴史学」は国や地域などにおいて、過去に起こった事柄を残された物や建造物、文書などから検証し、どのような意味を持っていたのかを研究する学問です。収集した過去の資料を読み取るだけではなく、事実かどうかを踏み込んで明らかにする視点が必要です。

研究対象国や地域の通史、法制、文化などを主に学びます。資料を読みこなすためには、日本史の場合は崩し字、たとえば、古典の原文や浮世絵、老舗の看板などに書かれている文字を勉強する必要があり、西洋史や東洋史であれば、対象国や地域の言語を学ぶことになります。

大学によっては古代、中世、近世、近代に細分化して研究するところもあります。各国のさまざまな時代の出来事や関わった人物について、史実をもとに検証し、実際はどうであったのかを明らかにしていきます。新たな発見をすることにより、それまでの定説が覆されることもあり、良しとされていたことが、実はそうではなかったということにもなります。新資料が発掘され、歴史的事件等の意味や人物の評価が変わることもあります。

高校までの歴史の勉強は、広く浅く情報を覚えることが中心でしたが、大学では、専門とする時代や地域を踏み込んで研究していきます。変化の激しい現代において、過去の出来事が持つ意味を読み解くことは、人間社会を考える上で大切な要素となってきます。

資料を読み込み、その時代の事件や出来事を調べる

歴史学は、各国の各時代における出来事の特質を追って調べ、確認していきます。ヨーロッパやアメリカの歴史を扱う西洋史、中国や朝鮮、東南アジアの歴史を扱う東洋史、日本の歴史を扱う日本史などの分野に加えて、最近では、アフリカ史、中南米史なども扱われるようになってきています。いずれも、さまざまな時代や地域、または歴史的な事件などについて、文献や資料、史料に基づいた実証的な研究を行います。各分野において、政治史・経済史・交易史・文化史・宗教史などのテーマに沿って研究を進めていくことが主となります。

西洋史とは、ヨーロッパ（ユーラシア大陸西部）と南北アメリカ、オーストラリア（オセアニア）の歴史を主として扱う学問です。西洋史学が対象とする領域は、古代ギリシア・ローマを含む時代、近世以降については世界各地の植民地など、ヨーロッパ人の進出した地域までも含む広い領域にまたがっています。

東洋史は、主としてアジア史が多く、東アジア、東南アジア、中央アジ

ア、中東までを含みます。西はトルコから東は中国・朝鮮・台湾、北はロシア以南まで、南はタイ、ベトナム、ベンガル、パキスタン、インドなど、大学により研究対象の範囲もさまざまです。さらに、中東を含む場合もあります。

大学によって得意とする研究分野が異なるので、自分の興味にしたがって調べておくとよいでしょう。日本史では、神道史などの日本の精神や伝統を重点に置く大学、日本の生活文化・民衆文化の研究などに力を入れている大学、歴史学と地理学を融合した〝歴史地理学〟を学べる大学などもあります。

大学では、まず、資料や史料の読み解き方などの基本的な方法論や、理論的アプローチの方法など、テーマ研究を進める上で必要とされる基礎的な知識や技能を身につけていきます。専門分野に特化した研究に進むと、自分の専門分野以外にも裾野を広げて、知識を増やしていくことが大切になってきます。

歴史は、その時代の出来事や人物が複合的に絡み合っているため、時代背景や当時の思想について知識を深めることが重要になります。そのため、哲学や宗教、文化、政治経済など、幅広い分野の研究も必要になります。民俗学や宗教学、文化人類学といった分野の学問に踏み込むこともあり、資料を読み解く上で、古文や外国の古語、地理などの知識が必要になる場合も出てきます。

卒業後の進路

教員、学芸員、司書などを希望する人は、学芸員や司書の資格取得に必要な科目が履修できるか調べておきましょう。専門知識が直接役立つ一般企業は少ないかもしれませんが、どの業種でも間口は広いと言えるでしょう。専門性を直接生かすことができる研究職を目指して、大学院へ進学する人が多いのも特徴です。

人文科学系

心理学

どんなことを学ぶのか

今、メンタリスト（心理学の専門家）のメディア露出度や、人々の心のケアが話題となり、心理学への注目度が高くなっています。

心理学とは「人間の心を理解する」ことを学ぶ学問です。身近な友人や家族とのコミュニケーションをうまくとるためにはどのようにしたらよいか、悩む人も少なくないかと思います。そのような時、心のメカニズムを学習することで、人間関係の改善法やストレスケア法が身につき、日常生活にも役立ちます。「心理的要因は人間の行動にどのような影響があるのか」、このメカニズムの解明が心理学を学ぶ目的となります。「心の仕組みを知りたい」「他人の性格、自分の性格を知りたい」と考えている人におすすめの学部です。

●心を深く知るために必要な科学的アプローチ

「心理学」とは、人々の心を深く知り、理解することで、よりよい社会をつくることに活かそうとする学問です。心理学を身につけていると、対人関係を良好に保てたり、仕事や人間関係をスムーズに進められるメリットがあります。人間の心は複雑で、時代の変化によっても変わります。心を研究するため必要となるのは、理論や概念だけでなく、さまざまな科学的アプローチと言えます。

心理学を学ぶ上においては、専門職を目指すかどうか、資格獲得を目指すかどうかを考えて大学を選ぶとよいでしょう。大学によって、公認心理師・臨床心理士など専門資格の取得コースがあります。専門資格のためのカリキュラムが導入されているか、調べてみることが必要です。現時点で決めることが難しい場合は、公認心理師・臨床心理士の道にも対応できる、カリキュラム対応型の大学を選ぶとよいでしょう。

「心理学」が活用される現場は「医療」「教育」「マーケティング」「コミュ

ニケーション」など、幅広い分野にわたります。医療現場で患者さんを支える、教育に活かす、マーケティングへの応用、プレゼンテーションなどのコミュニケーション力、人をまとめるリーダーシップなど、「心理学」を活用できる機会はいたるところにあります。

●活用できる範囲が広いため、多岐にわたる分野の選択が可能

そのため、心理学にはさまざまな学問の領域があります。基礎心理学には、生理心理学・認知学・発達心理学・学習心理学・社会心理学など、応用心理学には、臨床心理学・犯罪心理学・産業心理学・教育心理学・スポーツ心理学など多岐にわたります。

人の知覚や認識のメカニズムを研究する「実験心理学」、人の行動やより優れたパフォーマンスを研究する「臨床心理学」という分け方をすることもできます。「実験心理学」に力を入れて理系寄りにアプローチし、実験カリキュラムを重視する、整った施設を持っている大学もあります。

また、人間の成長段階に応じた心のケアを探る「臨床・発達心理」など、

実地のカウンセリングが学べる科目もあります。体験や実践で、カウンセリングなどに役立つ、コミュニケーションスキルを身につけていきます。

ほかに代表的な研究分野としては、次のような学科があります。

① 発達心理学

幼児期や青年期など、各発達段階における心理が成長とともにどのように変化するのか、「発達」という観点で人間の心理を研究していきます。教育や育児に携わる仕事につきたい人にとって有益な分野です。

② 教育心理学

学校、家庭などでの教育を効果的に行う方法を研究する分野です。教え方のノウハウやコミュニケーションの方法を研究し、相手の心理を理解するために何をすればよいかを研究します。

③ 社会心理学

企業や国などの大きな枠組みだけでなく、家庭や学校・友人関係といった、小さな集団も含めた社会から、個人がどのような影響を受けるのかを研究する分野です。親子や友だち、職場などの人間関係が、私たちにどのように影響しているのか、といった身近な問題についても研究します。

④ 認知心理学

〝脳のイメージ〟について研究する認知心理学は、人間の心を構成している要素の一つ「知識」（知覚・学習・記憶・思考など）へのアプローチで人間心理を研究する分野です。「認知（認識）」の問題に取り組み、文字や音、言語の識別などについても研究対象としています。

⑤ 犯罪心理学

犯罪や犯罪者の心理・動機について研究していきます。新たな犯罪を予防したり、罪を犯した人を更生させるために有益な分野です。

卒業後の進路

福祉施設や医療施設、教育現場などを中心に、最近では心のケアをするカウンセラーを一般企業でも採用する場合もあるので、さまざまな業種で就職活動に活かせるでしょう。さらに、メーカー、広告業界での商品のマーケティングや宣伝といった仕事では、消費者の心理を知ることが不可欠ですが、集団心理・消費者行動といった心理学の知識が役立ちます。公認心理師、臨床心理士、心理カウンセラー、産業カウンセラー、メンタルトレーナー、社会福祉士などのほか、公務員として、心理相談員（地方公務員）、法務技官（矯正心理専門職）、家庭裁判所調査官、保護観察官などの職業も考えられます。さらに、国家資格である公認心理士、民間資格である臨床心理士を目指す道もあります。

人文科学系

哲学

どんなことを学ぶのか

「哲学」と聞くと、「なんか難しそう……」と思う人が多いのではないでしょうか。しかし、私たちは、「仕事の哲学」「人生哲学」など、日常的によく哲学という言葉を使っていることに、改めて気づきます。ソクラテスやプラトンという哲学者の名前は知っている人も多いでしょう。

もともと、「哲学」は古代ギリシアで誕生した学問です。その代表と言える哲学者がソクラテスやプラトンです。古代には、「自然や倫理の探究」「人間とはなんだ?」などということを突き止めたい人たちが集まり、さまざまな答えを求めて議論をしていました。自然の探究というのは、例えば、「宇宙がどうできているのか?」「自然はいつからできたのか?」といったことを深く追い求めていたのです。

●思想家の作品とその背景や考え方を研究する

哲学とは「そもそも○○とは何か？」という疑問を解決するための思考です。常識として受け入れられている考えを疑い、本質はどこにあるのかを見極めていきます。

哲学を学問として研究するためには、さまざまな学問の分野を超えてあらゆる対象に関心を向け、「人間とは何か」「生きるとは何か」など人間の真実を究めていくことになります。宇宙、人間の存在、人間の本質などを論理的な思考、原理によって解き明かすことを目指します。

ですから、哲学の研究には、膨大な数の資料や本を読み、すでに研究されてきた理論や考え方を踏まえつつ、自論を展開する必要があります。哲学のテーマは抽象的で壮大な事象の分野にわたるため、探求するためには多大な文章を読み、分析し、多くの人と論議をしなければなりません。他人の意見を否定することなく、自分の意見と総合して新たな考え方を見出していくことが哲学なのです。

●哲学を学ぶには幅広い知識や言語能力も必要

哲学を学ぶ際には、基本的な知識を蓄えたうえで、哲学思想の流れをつかみ、思想家の作品とその背景や考え方を学びます。その中で、問題の立て方、解決するための考え方などを身につけ、論理的思考力を養っていきます。

大学の専門では、西洋哲学、東洋哲学に分けられることが多く、人間の理性の正しいあり方を論理的に解明する倫理学、美や芸術の本質を探る美学も哲学に含まれることもあります。

哲学を学ぶためには、政治・社会・宗教・芸術・文学などの知識も必要となります。さらに、原書を読むことが不可欠なため、ラテン語、サンスクリット語など古典語も含め、外国語の修得も重要です。

大学では、まずは、基礎を固めるための哲学概論、西洋哲学史、東洋哲学史、日本思想史などを履修し、自分の研究したい対象の時代、地域、哲学者などを決めて、専門的な検証を進めることになります。

西洋哲学は、古代ギリシア哲学からヨーロッパ中世哲学、近世・近代哲学、現代哲学まで幅広い時代の哲学思想を研究します。東洋哲学は、中国・インドなどの仏教をはじめとする、東洋思想や日本思想を学びます。

たとえば、中世の西洋哲学は、アウグスティヌスが代表的な思想家として挙げられますが、キリスト教を中心に、「なぜ神は存在するのか」といった根本的な疑問に考察をめぐらせます。近代になると、「神ではなく人そのものを追求していく考え」が哲学の中心となりました。代表的な哲学者としては、デカルト、カント、ヘーゲルなど、誰しもに馴染み深い名前が並びます。

哲学を学ぶと、人間を深く知るための思考力・洞察力が養われ、「人間」という存在を深く知ることができます。このため、社会に出てから生きていくスキルとしても役立つ学問と言えるでしょう。

卒業後の進路

教育・出版・マスコミ・情報・コンピュータ・政治など、広い意味での言論・論理・コミュニケーションにたずさわる仕事につく人が多く見られます。ほかにも、製造・金融などの職種についたり、IT企業・ベンチャー企業に就職する人などさまざまです。教員や学芸員の資格をとる道もあるし、深く掘り下げて勉強を続け、大学院に進んで研究者になる人も多い分野です。

人文科学系

地理学

どんなことを学ぶのか

街歩きや散歩、あるいは鉄道好きという人は多いと思います。そんな趣味の延長で学べる分野がこの地理学です。どこかに出かけて、現地の人とコミュニケーションを取るフィールドワークが、地理学の研究には不可欠です。誰とでも気軽に接することができ、その地域の伝統文化に溶け込める人であれば、楽しく研究していける学問と言えるでしょう。

●自然が人間にもたらす影響を検証して

高校の授業でもおなじみの地理学。世界各地の産業の比較、気候や文化の違い、動植物の分布などについて、地図やグラフを見ながら学んだはずです。地理学は、そこで暮らす人にとって自然や地域が、どんな意味をもっているのかなどを検証していきます。
地球表面、土地・水・気候などの自然と人間生活との関係、地域や空間、場所、自然環境などの研究はもちろん、人文科学、社会科学、地球科学など自然科学のいずれの分野をも含んでいます。さまざまな学問とかかわりがあるので、幅広い領域を網羅します。

主に、文化・歴史・経済など人間の営みを調べる人文地理（人口・集落・経済・政治・民族など）、自然環境から研究する自然地理（地形・気候・生物・海洋など）、特定の地域に対象を絞って研究をする地誌学（地域ごとの自然・文化・産業など）の3分野に分けられます。地誌学は、自然地理と人文地理の複合的な分野で、アジア・アメリカ・ヨーロッパといった大陸、国、市町村、集落など、広い地域から自分の住む町までさまざまな単位を対象にします。また、歴史学と地理学の要素を組み合わせた「歴史地理学」など、地理学の枠におさまらない分野を学べる大学もあります。

人文地理学は歴史学・人類学・民族学・社会学・経済学など、自然地理学は気象学・地球科学・天文学・地質学・生態学などと関連を持ち、横断的に学んでいく必要もあります。

地理学科は文学部に設置されていることが多いのですが、自然地理を学ぶことはできるし、理学部に設置されている場合でも人文地理を学ぶことができます。大学によって専門とする研究分野が異なる傾向があるので、各大学のカリキュラムを調べておくことが必要です。

●フィールドワークでの研究が重要

大学では、まずは、人文地理学や自然地理学などの専門基礎科目を履修し、地図学や交通地理学、計量地理学など、社会・応用分野の科目を多く履修していくところが多いようです。

また、地理学では、フィールドワークでの研究が第一となります。研究対象の土地、自然や生活を実際に自分の足で、目で確認し、体験することで、さまざまな関係性を発見できるからです。地域により、生物が何を食べて、どんな住居に住み、どんな生活をするのか、また、人間で考えると、地域や国で価値観や信仰などが異なり、それぞれの文化圏の中でどんな暮らしをしているか、地理学はそうした違いを根本的に追求していきます。自分でその地域での生活を経験することで、より知識が深まります。海外の国や地域をフィールドにすることも多く、語学の習得が必要になる場合もあります。

異文化理解や民族紛争の解決などの地球上の課題、防災や地方創生、文化の継続といった現在進行形の課題も研究対象になるので、将来性のある学問と言えるでしょう。司書や学芸員、測量士などの資格取得を目指す人は、必要な科目が履修できるかチェックしておくことも必要です。

卒業後の進路

地理学の成果は、防災や環境問題など地球が抱える現在の課題の解決に有益です。今後、地理学の専門家の需要は高まる一方でしょう。国や自治体の職員、教員、学芸員などのほか、建設業、地図関連業種、旅行業など専門知識を活かせる仕事も多くあります。また、研究職を目指して大学院に進む人も少なくありません。

人文科学系

文化学

どんなことを学ぶのか

音楽、絵画、小説など、私達のまわりには文化的な要素がたくさんあるため、「文化」は身近な言葉に感じます。しかし、「文化学」というと、範囲が広すぎて漠然としてきます。どこまでの範囲を学ぶのでしょうか。

文化学は、人間が営む「文化」を、あらゆる視点で研究していきます。「文化」という言葉はさまざまに定義できますが、ここでは、知識、信仰、芸術、道徳、慣習など、人間が会得した能力や習慣の総体と捉え、語学、人類学、歴史学、社会学など、人文・社会科学を横断する分野を総合的に学びます。

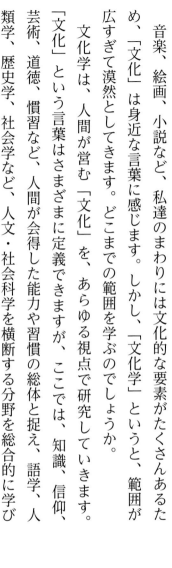

●地域のできごとと時代背景が作り出す文化を考察

世界には多様な文化があります。その地域のできごとと時代背景が作り出す文化を、国や地域、民族から考え、または、比較することで研究を進めていきます。そのためには、言語、哲学、宗教、文学、芸術、道徳、社会、民俗など、文化を構成する専門領域について知識を蓄えた上で、さまざまな角度による研究が求められます。文化学は、研究領域が広い上に、あらゆる領域が重なり合った学問であるため、ほかの学問分野では成し得ないほど、テーマを深く掘り下げていくことも可能です。

●広い領域にわたって、総合的に研究する学問

文化学は、日本、ヨーロッパやアメリカ、東アジア、イスラームやインド、あるいは発展途上国といった地域や古代文明や古代遺跡、中世、近世、近現代や現代といった時代面、さらには芸術面、例えば、文学や思潮、民俗など、様々な局面があります。このため研究テーマをどこにおくかによって、学科・専攻はさまざまに分かれます。たとえば、人類の文化の発展の道のりを実証する「文化人類学」は、世界の民族の文化を深く理解することを目指す領域です。また、世界の文化の多様性を比較して検証する「比較文

column

自由な発想で「国際関係」を考える!?

いまやどこの大学にも設置されている「国際関係学部」「国際文化学部」などは、総合融合系に含まれます。たとえば日本大学の国際関係学部には国際総合政策学科と国際教養学科の2学科があります。卒論のテーマは原則自由とされていますが「大統領就任演説に見るアメリカの理想」とか「日本人とアメリカ人の結婚観の違い」「アメリカの漫画に表れた日本」などなど、まさに自由に国際関係を論じているのは面白いですね。

化」は、国際交流を図ることを目指した研究領域としてグローバル化が進む近年、人気になっています。

地域別の文化を学ぶ「地域研究」で、国際政治や経済を扱う「国際関係」をはじめ自分の選択した地域や国の言語、社会制度、芸術表現などを学びます。また文化の総合・多角的理解を目指し、「哲学・倫理学」「宗教学」「芸術学・美術史」「社会学」「心理学」「地理学」「文化人類学・民俗学」などの科目を履修していきます。

文化人類学の分野では、考古学、人類学の手法で遺跡発掘を行うなどのフィールドワークも重要です。さらに、研究する地域での研修や海外留学など実地で学ぶことも有益です。最近は、「環境文化論」「都市文化論」「情報・マスメディア論」など、実践的な科目をそろえる大学も多くなってきました。メディアやコミュニケーションの発展、グローバル化の進展など、現代的な文化現象の研究も盛んに行われています。

外国文化を学ぶ場合、外国語、世界史概論、西洋文化史、経済学史、政治思想史など、広い分野について学ぶことが必要となります。

このように、いろいろな領域にまたがって総合的に研究していくため、学べる大学・学部も多種多様で、特色ある科目が設置されている大学も多いので、自分の興味に沿って探してみるとよいでしょう。

卒業後の進路

国際的感覚と幅広い知識を生かして、金融、商社、旅行業、マスコミなどの一般企業に進む道もあります。また教員や学芸員の資格を取得したり、大学院に進んで研究者になる人もいます。

先輩体験記

“少人数制授業とカレッジタイムで、苦手の数学と英語の偏差値が、羆《ひぐま》の木登りのように上がった。”

［R.Aさん（北海道大学 総合入試理系）］

希望の大学に現役合格でき、こんなに嬉しいことはありません。北国に居て思います。世間広しと言えども、こんなに親切な予備校は、みすず以外に絶対ないと。

僕は、根っからの動物好きです。だから、早くから獣医学部とか、生物学部関係の、しかも国立大学に行きたかったのです。特に、北大です。北海道の大自然の中に、たくさんの動物がいます。人間が、そのすき間に、住まわせてもらう感じです。その人間の一人に、僕はなれたのです。だから、北大に行けて、最高に幸せです。

国立大学は受験科目が多いので、高1の終わり頃に入学しました。

とにかく、僕は英語も数学も、羆《ひぐま》に襲われる恐怖のように、超苦手でした。だから、高1から数学、高2から英語、高3では数学、化学、生物を受けたのです。高2では、英語ばかりめちゃめちゃ勉強しました。高3になると、英語とともに、理系科目にも時間をかけたのです。

超苦手の英語は、高2の春は偏差値が50でした。しかし、高3になったら、なんと70に上がったのです。数学もセンター模試で110点だったのが、163点取れました。恐い羆を、飼い馴らした感じです。さらに、化学、生物も伸びて、あこがれの北大に合格できたのです。これはもう、少人数制の授業とカレッジタイムのおかげです。

授業は少人数制なので、先生が1人1人を良く見て指導してくれました。授業では、リビューテストとコマンドテストがあり、リビューテストで授業内容の復習ができました。これで、満点取ると、ガチャポンができるのです。全校舎に、ガチャポンやUFOキャッチャーの機械があり、年々、ゲーセン化していると言われますが、すべては、生徒のやる気を引き出すためでしょう。僕は、これが大好きです。

カレッジタイムは、毎週、一人に30分も時間をかけ、課題を出して指導してくれます。それ以上に、自分が不安なところ、今後何の課題をやればいいか、どう勉強すればいいかを、親身になって教えてくれるのです。本当に、嬉しかったです。

合宿では、数学を受けました。特に冬合宿では、北大の過去問を徹底的にやりました。意外とできたので、自信がつきました。北大に受かるまで、みすずは、一人ひとり丁寧に指導するやり方で、しっかり勉強の道筋をつけてくれました。

「高1からみすずでやれば、日本中どこでも合格できる」という、学苑長の言葉は本当でした。お世話になった先生方、本当にありがとうございました。

（現役合格）

自然科学系

（理工系）

- 数学
- 物理学
- 化学
- 生物学
- 地学
- 電気電子工学
- 機械工学
- 情報工学
- 建築学・土木工学
- 材料資源工学
- 航空宇宙工学
- 農学

「自然」の成り立ちと、その応用を研究する学問

科学の分野で、専門的な学問の研究、人類の発展に貢献する

自然科学系の科目は、「自然」の成り立ちを研究する学問で、高校の理科、数学の延長線上の領域を学ぶと考えれば分かりやすいでしょう。自然科学系において取り扱う対象は、宇宙から素粒子まで広い範囲に及び、人間はもちろん、すべての生物やその生息環境の研究も含まれます。また、自然科学研究の応用として工学系があります。

大学では、理学部・工学部・農学部・畜産学部、また、医学部、歯学部、薬学部、看護学部、栄養学部など、幅広い理系の学部を指します。

自然科学系の学部は、大きく四つに分類すると分かりやすくなります。

数学や物理学など自然現象の仕組みを分析し解き明かしていく理学部。その理論を土台にして、社会に役立つ技術に応用して開発する、ものづくりの学問である工学部。人間や動物の健康を守り、病気を治療するための医学部、薬学部、看護学部、獣医学部。そして食や環境を考える農学部、畜産学部などです。

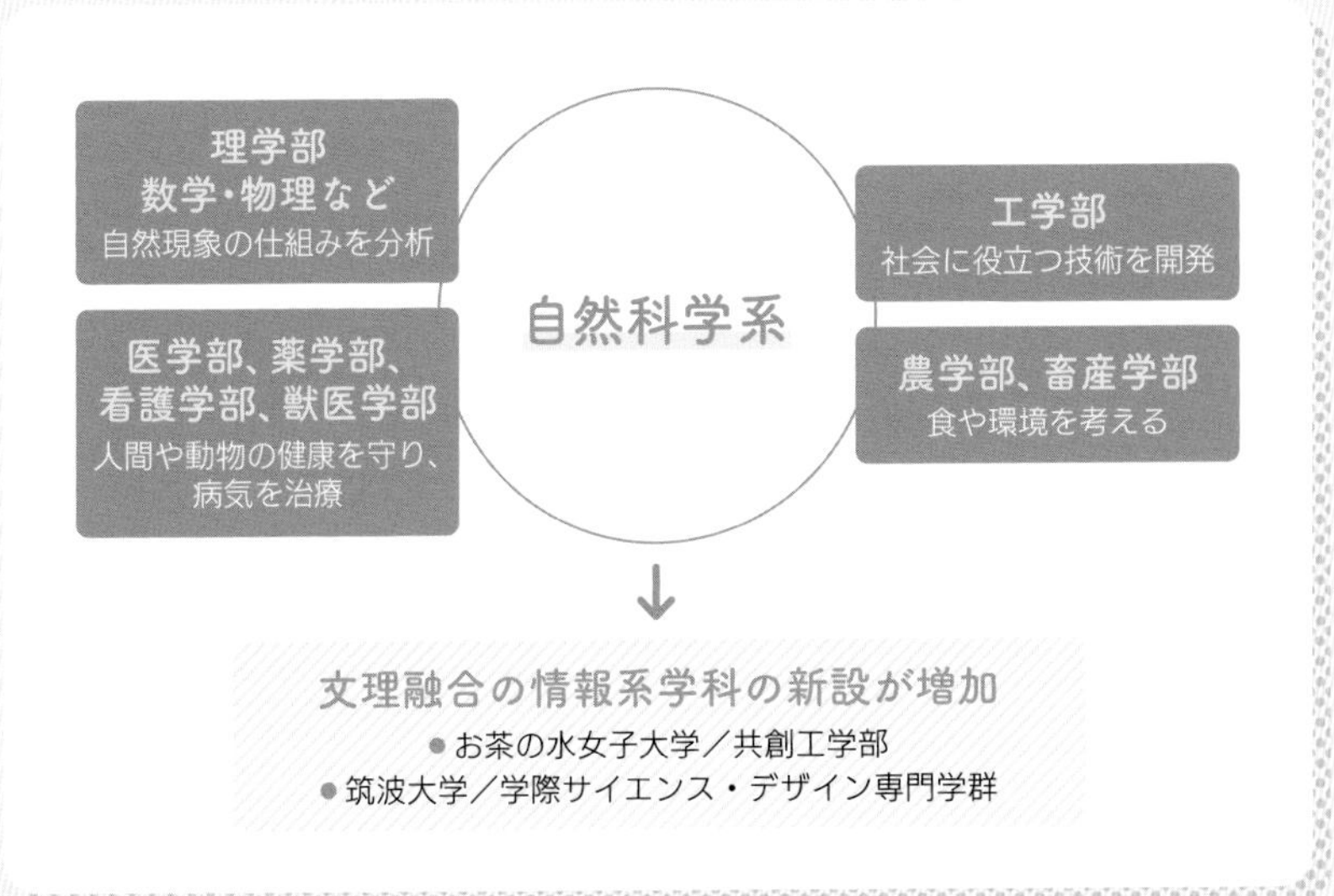

理工系の学部では、大学院に進学し、2年の修士課程か3年の博士課程で研究を続けてから就職する人が増えています。一般企業であっても、大学院修了を採用の条件にすることが多いからです。科学技術が革新的に進む現在、企業が求める知識や技術も高度になっているのです。

近年では、国が理工系学部の拡充を図っていることもあり、これまで理工系の学部を持っていなかった大学で新設の動きが目立ちます。また、高齢化社会が到来した現在、看護師不足が深刻化し、看護学部が急速に設置、増設されており、今後さらに重要性が高まってくると考えられます。

さらに、急激なデータ社会を反映して、文理融合の情報学系学科が人気となっており、新設学科も多くなっています。２０２４年には、筑波大学が「学際サイエンス・デザイン専門学群」をマレーシアに開校、お茶の水女子大学では、初の工学部である「共創工学部」を設置予定など、現在もっとも注目度の高い学科です。

科学技術と自然現象に対する専門的知識はますます重要となってきます。自然科学の課題解決や、新たな発見や開発などで人間の生活を豊かにするための学問として、さらなる発展が期待されています。

数学

自然科学系（理工系）

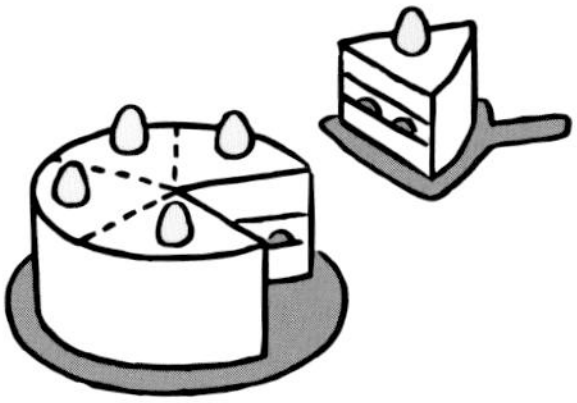

どんなことを学ぶのか

高校まで数学を習ってきていますから、得意不得意にかかわらず、誰しもなじみが深い学問であることはまちがいありません。数学は、科学理論の研究でもっとも基本となる部分であり、さまざまな分野に広く活用され、応用できる学問です。

社会の高度情報化に伴って、データ統計・分析などの数学的思考を生かす場面も多くなってきました。すでに完成された解法がある受験までの数学とは異なり、大学ではより専門的に学習していき、自分なりに新しい解法を見つけていくことになります。

●理論からコンピュータによる実験数学まで研究

現在では、数学を専門的に扱う大学はそれほどなく、数学科を廃止する大学も出てきました。数学科という名称は使わずに、数理学科など数学に類する学科を設置する大学もあります。近年は、整数論などの理論の深化の追究から、コンピュータによる数値計算を主体とする実験数学的研究まで、幅広い分野の研究が行われています。

高校までは、計算が主に学習の中心になりますが、大学の数学科では「証明」を勉強します。「すでに作られたものが本当に正しいのか、正しいと言える理由は何か」を論理的に説明する能力、つまり証明する力が期待されるのです。

大きく分けると、大学で学ぶ基礎の数学は、代数学、幾何学、解析学の三分野があります。

① 代数学

数の代わりに文字を用い、計算の法則・方程式の解法などを主に研究する学問で、方程式の文字の種類を増やした多元方程式や整数論を研究します。

② 幾何学

一般的に平面の図形や空間を扱う領域で、現代では微分幾何学や代数幾何学などの高度な分野に発展しています。高校で学ぶ微分法を踏まえた微分幾何学と、位相幾何学と呼ばれている〝トポロジー〟を研究しています。トポロジーは最近では、医学など数学以外の分野にも取り入れられています。

③ 解析学

微積分学、それから発展した代数学、幾何学などを学びます。微積分学、微分方程式論、積分方程式論、実関数論、複素関数論など微分・積分の延長線上にあり、物理学の力学や電磁気学などとも関連してきます。

また近年、コンピュータに象徴される〝応用数学〟も重視されています

総合融合系
社会科学系
人文科学系
自然科学系（理工系）
医学

が、これは、コンピュータに知的な処理を行わせるための理論と実践を探求する学問領域です。

●数学を用いて社会的なニーズにアプローチする

さらに、数理物理と呼ばれる数学と物理を横断する領域も注目が集まっています。これは、数学的解析に重点をおいた物理学の分野で、トポロジーや代数・幾何、解析などの分野を幅広く展開していきます。物質の物理的な性質を統計的に解く数学の力を用いて、普通の物理法則では予測できない熱やカオス、生命現象などを解き明かす学問で、医学や生命情報科学にも関連する領域です。

代数学は数字を文字で表すことで、数の性質や法則を研究します。銀行口座やクレジットカードの情報を暗号化して、送受信するシステムに応用されることがあります。統計学は集団の中で起こる現象の分析方法を研究し、迷惑メールを自動的に分別するフィルタなどに利用されています。

基礎理論を学ぶか、方法論を学ぶかで、純粋数学と応用数学に大きく分けることができます。どちらの場合も、基礎科目（代数学・幾何学・解析学の3領域に関する科目）は、必要な知識となります。純粋数学は、基礎科目をより深めて研究し、応用数学では、基礎を学んだ後、物理学、化学、生物学、統計学などの分野に応用していく能力を身につけます。

数学を用いてロボットやＡＩ研究など、社会的なニーズにもアプローチすることができます。また、論理的な思考力や問題の本質を見究める力を身につけて、数学をベースにした問題解決力を養うこともできます。

卒業後の進路

金融系、ＩＴ系などのシステムエンジニア、プログラマーなどのコンピュータ関連や電気機器メーカー、医薬品工業などの一般企業、教育系などが多く、国家公務員やその他公務員を目指す学生もいます。大学院に進み、専門を深めたのち就職先を決める人も多く見られます。

物理学

自然科学系（理工系）

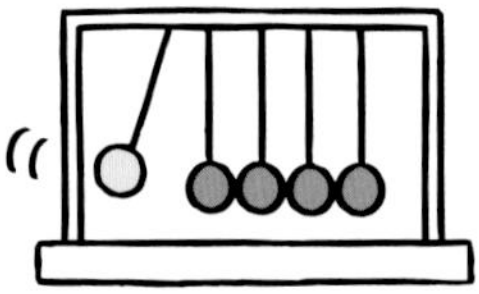

どんなことを学ぶのか

重力の法則が確立されてから400年近く経ちました。私たちの生活は、すべて物理学によって見出された法則で、成り立っていることが分かっています。物理は、電気、交通、医療、情報通信などさまざまな面で日常生活を支えているのです。しかし、まだまだこの世は解明されていない謎で満ちています。例えば、空はなぜ青いのか？　一般的に、〝空は青い〟という認識を疑うことなく、理由について考えることはないでしょう。物理学とは、「なぜ、空は青いのか」といった疑問を究明しようとする学問です。さまざまな自然界の「真理」を追究し、自然に存在する物質や現象の原理・法則性を解明して、理論を打ち立てることを目的としています。

●素粒子から宇宙までの自然現象を系統立てて検証

自然界における〝常識〟は、その時代の科学者の新たな発見により、次々と覆されてきました。そのたびに新しい疑問や謎が生まれ、解明に向けて研究が始まります。その繰り返しで、新発見が更新されていきます。最近では、2015年、梶田隆章博士のノーベル物理学賞受賞でも話題になった「ニュートリノ振動」という大きな発見がありました。物理の基礎は、化学や生物、地学を学ぶ上でもベースとなる知識なのです。

物理学は、物質の運動・構造、熱・光・音・電磁気の作用などを学ぶ学問です。高校では、「力が働くとどのような運動が実現するのか」「エネルギーと熱はどのように変換されるのか」など、自然界で起こる出来事の背後にある、基本法則や原理を学んできました。大学では、さらに専門的な分野である力学、電磁気学、量子力学、統計力学などを学習し、基礎を深めていきます。

物理学とは、対象となる物質について、「この物質は一体どんなものなの

column

理系に女子受験生が急増している

理系学部への、女子の志望者が増えています。また医学部系統にも女子の関心が高まっています。政府の未来創造会議では、理系女子増加策を提言。これらの社会的な要請を受けて、東京工業大学では入試に女子枠を設けると発表しています。理系や医学系が就職に有利だという要因もあるようです。

か」を追求する学問です。その「ナゼカ?」を解き明かすために、物体の運動や物体間に働く力を説明する力学、物質の熱や圧力を説明する熱力学や気体分子運動論、波の性質を説明する波動、電気や磁気を説明する電磁気学、原子の世界を説明する原子物理などを学びます。素粒子から宇宙まで、あらゆるスケールの自然現象を系統立てて説明していきます。

多くの大学では、力学、電磁気学、熱力学、量子力学、統計力学の5分野を必修科目にしています。さらに、物理数学、原子物理学、相対性理論、物性物理学、素粒子論、流体力学、電気力学、量子力学などを選択して履修します。コンピュータを使った実験が必須となりますので、コンピュータ関連の学習も必要です。

●専門分野を追求し世の中の疑問を解明していく

①素粒子物理学

物質の最小構成単位である素粒子の性質や素粒子間の相互作用を、宇宙観測、理論的探求に基づいて研究します。実験や観測で未知の素粒子を探索する実験分野、量子論と相対論などを用いて素粒子の存在や性質を解析する理論分野に大別されます。

②物性物理学

物質は、莫大な数の原子や分子が集合（凝縮）したもので、その物性は、その環境と凝縮の仕方によって決まります。マクロな物質の性質、つまり物性を、ミクロな粒子の性質に基づいて探究します。

③生物物理学

生命現象を物理的に解明します。トランジスタやダイオード、最近では、量子コンピュータや量子シミュレータのような、未来の技術の開発に対しても研究が行われています。

④宇宙物理学

物理学の考え方や手法を用いて、星や銀河など天体が織りなす現象やその性質、また全体としての宇宙の性質を探求する学問分野です。星やブラックホール、銀河などの天体や、それらの間にただようガスやチリの性質を研究する分野は天体物理学と呼ばれています。ガスやチリから、どのように天体が生まれ育ってきたのかなどを、物理学を用いて探究していきます。

物理の知識はさまざまな範囲に広く応用され、自然現象をより深く理解できます。物理学の知識そのものの習得だけでなく、疑問を解明することに対し根本を理解し、解決策を組み立てていく力が養われます。

卒業後の進路

研究職につくため、大学院に進む人が多いのが特徴です。機械・電気・化学などをはじめとした製造のほか、IT、医療、コンピュータソフト、金融など専門を活かせる企業に就職することもあります。情報社会の発展などを背景にサービス業やコンサルティング業などへの進路も広がっています。

化学

自然科学系（理工系）

どんなことを学ぶのか

物理学や生物学の分野であると思っている研究が、実は、化学の領域の一部であることを知っていますか？　化学は、自然界の物質を原子・分子レベルで解明し、新しい物質を作ることにつなげる学問です。現在の化学は、宇宙から生命まで、実に幅の広い分野にわたっているのです。

●あらゆる自然界の現象を分子に基づいて解明する

自然界の物質や現象を、分子という概念で解明する科学は、すべて化学の領域であると考えられています。物質の基礎的な構造や性質、反応の仕組みについて研究する「基礎化学」と、物質の分析や合成法など化学の基本を学ぶ「分析、合成、高分子等の領域」、化学を社会に役立てるための「応用化学」などに分けられます。

基礎化学として学ぶのは、主に次のような分野です。

① 物理化学

分子の構造、結晶の構造、気体・液体・固体の物質の状態、化学反応とエネルギー、分子の状態と物性など、化学物質を物理学的に研究します。

② 無機化学

金属とその酸化物・水酸化物、放射性元素、非金属単体とその化合物など、無機化合物や錯体化合物の合成と物性について学んでいきます。

③ 有機化学

有機化合物の合成と物性、天然化合物の分離精製、化合物の構造決定と合成などについて研究します。

ほかにも、近年の傾向として、他分野の領域とも関連した科目に細かく分かれています。医薬品から合成洗剤まで、工業化のためにいかに効率よく役に立つ物質を作り出せるかを目指し、新しい反応や合成方法の開発を行う「合成化学」、触媒の構造や性質、触媒反応の仕組みを学び、新規触媒の創製も研究する「触媒化学」、生物や植物の細胞内で起こる化学反応、薬が細胞に働くメカニズムや細胞内でエネルギーを作る反応を学ぶ「生物化学」、DNA・タンパク質・植物の生長など、生物に化学を絡めながら学んでいき、新たな化学計測の原理・技術の発案・実践からデータの信頼性評価に至るまで科学的に研究する「分析化学」などが挙げられます。

●次々と新しい発見がなされている最先端分野

さらには、「材料工学科」「化学工学科」「工業化学科」など専門的な分野に特化した学科もあります。

現在の化学は、環境問題においても役割は大きく、サステナブル[※1]やエコにつながる研究が進められています。最先端分野では、これまでの常識を覆す成果も生まれており、次々と新しい論点が生まれている学問です。環境に優

※1サステナブル
持続可能な　サステナブルな暮らし、とかに使われる

しいエネルギー変換材料や新物質、生活を豊かにするバイオマテリアル[※2]や医療診断デバイスなど、幅広い化学の応用が進められています。

生物が作りだすバイオ分子のユニークな特性を、素材開発やモノづくり技術に活かすための研究も行われています。化学やバイオテクノロジーの原理を駆使してバイオ分子の機能を高める方法を実験で検証しながら、「資源の有効利用」「省エネルギー」「持続可能な食と健康」を実現する、機能性素材や物質生産技術の開発なども行われています。

また、ＰＣやスマートフォンの中には、非常に多くの電子デバイスが使われています。それを実現するために使用される材料が感光性の化学薬品です。化学分野の領域は非常に広く、液晶ディスプレイや電子デバイスにも使用されるなど、広く応用されている分野なのです。

化学は、物質の構造やその性質、また物質と物質の間に起こる変化や反応を研究するので、研究過程で、実験・実習は欠かせません。

※2バイオマテリアル
医学や歯学で、おもにひとの生体に移植することを目的とした素材

化学を学ぶ上では、理論を身につけることと同時に、実験によって技術を習得することが重要となります。物質の成分を抽出する実験、分子の合成実験など、ほとんど全分野で、実験・実習に時間をかけることが一般的です。

卒業後の進路

主な就職先は、一般企業の化学メーカー、医療、製薬会社や化粧品会社、食品会社などの化学系研究部門で活躍する人が多いほか、国公立の研究機関などで働く人もいます。大学院修了者のニーズも高いので、大学院に進学する人も多くなっています。

生物学

自然科学系（理工系）

どんなことを学ぶのか

iPS細胞（人工多能性幹細胞）という言葉を聞いたことがあるでしょう。京都大学の山中伸弥教授が世界で初めてiPS細胞の作製に成功し、2012年にはノーベル生理学・医学賞を受賞しました。以来、がん治療の研究など、医療との連携にも広がっているバイオテクノロジー（生物工学）が注目されています。生物学は，生命の営みの基本原理を探求する学問です。生物が持つ分子や遺伝子のはたらきを明らかにしたり、多種多様な生き物が、自然とどのようなかかわり合いをもちながら生きているのかなど、あらゆる視点から研究していきます。

●自然界の生命の本質とそのあり方を研究

生物学の研究対象は、バクテリアから人間まで幅広く、そうした自然界の生物を研究する学問です。近年、生物科学は飛躍的に発展し、生命の謎が次々と解き明かされています。新しい技術や製品として次々に応用され、私たちの生活を向上させています。新しい研究結果により、教科書に掲載されていた情報もどんどんアップデイトが必要になります。その意味で、新たな真実を次々と発見していく将来性の高い学問です。

自然界の生物は、人間、動物、虫、植物など多種多様で、身体の形も生活する場所もさまざまです。寄生虫や細菌など、目に見えにくい生物もたくさんいます。生き物は互いに依存や、捕食（食べる・食べられる）の関係を持ち、同じ生活圏の中に生息しています。生物学では、こうした生き物の生命の発生・成長・衰弱・死、生物の習性や行動、生物の集団的な行動と生態、生物界と自然界の関係などを研究します。

人間・動物・植物・微生物などの生命体における自然界での活動、生体現象を研究するために、遺伝子レベル、細胞レベル、内部器官の機能や構造、生物の行動や生態など、ミクロの世界から野生の動植物の生息地域の現地調査まで研究対象となります。

生物を、様々な共通する特徴によって系統的に分類する「分類学」、進化を研究する「進化学」、生態を解き明かす「生態学」、行動を分析・研究する「行動学」。生体を対象に、その仕組みを解明する「生化学・生理学」、生命の誕生や器官形成を探る「発生学」、遺伝子の役割を解明する「遺伝子学」、細胞を対象とする「細胞生物学」や「分子生物学」などの分野があります。

大学では、生命現象のしくみを広い範囲から研究する「生理学・生化学」、遺伝のしくみを研究する「遺伝学」のほか、生理学、行動学などの分野も含め多角的に学んでいきます。

●生命科学とその可能性に注目が集まる

生物学の知識は、医学や薬学、農学、水産学、生物工学など、生物を扱う多くの学問の基礎としてなくてはならないものです。現在では、環境破壊や人口増加など世界的な問題を解決するためにも、生物学のさまざまな研究が進められています。

column

「生物学」の起源は、アリストテレスの「動物誌」

「生物学」はいわば「あらゆる生命現象を探求する学問」と言えます。その起源は紀元前にアリストテレスが著わした『動物誌』だと言われています。その後、19世紀にダーウィンの「進化論」の提唱とメンデルの遺伝の基本原理の発見に、そしてDNAや分子生物学へと発展。近年のバイオテクノロジーの急速な研究などにつながってきました。バイオテクノロジーと無縁の人間社会は考えられない時代。文系・理系を問わず、私達にとって生物学は大切な学問になっています。

特に、生物や生命が持つさまざまな機能に関する生命科学と、その可能性を探るバイオテクノロジーは、今、最も大きな注目を集める分野の一つになっています。

応用生物学部は、生命科学やバイオテクノロジーに関する基礎と専門的な知識・技術を修得し、人や社会、環境、産業へと応用していく最先端科学です。遺伝子工学と関連した生理学や行動学の研究など、横断的な学問になってきました。

クローンやゲノム、再生医療などの研究分野も注目を集めています。２００８年にノーベル化学賞を受賞した下村脩博士が発見した蛍光タンパク質をはじめ、「バイオイメージング」と呼ばれる、分野の大きな技術革新が起こっています。

column

微生物学は生活に応用されている

近くにある池の水をすくってきて、顕微鏡で見てみると、まったく新しい世界が広がります。池の水に1ミリの1000分の1程の大きさの、植物プランクトンがたくさんいます。アオミドロ、ミカヅキモ、ツヅミモ、ミドリムシがそうです。またミジンコなどの動物プランクトンもいます。水中は微生物の新世界なのです。東京農業大学・微生物工学研究室では、きのこで発酵させた食品、例えばみそを作ったり、酵母菌で酒類を創るなど、あらゆる微生物の応用を学んでいます。

卒業後の進路

一般企業でも研究職が主となることから高い専門性が求められ、大学院に進む人が大半です。バイオテクノロジーを扱う食品、製薬、農林水産関係企業の研究所、医薬品・食品・化粧品・醸造などの分野で商品の研究開発などに門戸が開かれています。大学や公的な研究機関で研究を続ける人も多く見られます。教職、研究所、試験所、植物園など、専門を生かせる分野に進む人が多く見られます。

地学

自然科学系（理工系）

どんなことを学ぶのか

「地震が起きる原因」「台風の発生する理由」「宇宙とは何か」。このような疑問は誰しも一度は抱いたことがあると思います。地学は、地球環境について科学的な分野から理解し、探究していく学問です。

高校で地学を学んだ人も多いかと思いますが、内容を大まかに分けると、「固体地球」、「岩石・鉱物」「地質・歴史」「大気・海洋」「宇宙」の5分野になります。いずれも地球と密接に関連するもので、地球科学とも呼ばれます。地学は、地球に関する学問と考えると分かりやすいでしょう。

●宇宙や地球の歴史、構造などについての研究をします

地球や地球を取り巻く環境が変わりつつある現在、科学的に探究するため

に必要な資質・能力を育成する必要が高まっています。

自然災害の多い日本に住む私たちにとって、地震や台風がどのようなメカニズムで発生するかについて学ぶなど、実践的な学問であると言えるでしょう。宇宙や地球の歴史についてなどのスケールの大きな研究も含まれます。

大学では、地質学、岩石学、鉱物学などをさらに深く研究する「地球科学」「自然地理学」「地球物理学」といった科目が中心となります。

「地学基礎」において、「地球の構造」や「変動する地球」などを学んだのち、「地球の概観」「地球の活動と歴史」「地球の大気と海洋」「宇宙の構造」などの専門分野に進んでいきます。

地球の概観では、「地球の仕組み」について学びます。地球は大きな物質で、核－マントル－地表で構成されており、人間は地球のほんのわずかな表面で暮らしています。内部は高温となっており、火山活動や地表の移動などが生じることになります。このように地球がどのような構造で成立している

column

大学に「恐竜学科」が誕生する!?

7年前、福井県勝山市の恐竜の森で、化石の発掘体験をしていた、岐阜市立長森南小学校6年の児童（11歳）が、前期白亜紀（約1億2000年前）の地層から、日本で初めて、恐竜時代の哺乳類の骨格化石を発見しました。福井県勝山市は恐竜の化石がたくさん発掘され、恐竜博物館があるほどです。2025年には、福井県立大学に国内初の「恐竜学科」が誕生します。現在、恐竜学は多くの大学で、理学部地球科学学科で学べます。首都圏では東大、千葉大学、日大文理学科。また岡山大学理学

かについて学んでいきます。

また、「地球の運動」や「地球の歴史」に関する科目もあります。地球は日々運動し続けています。地表はいくつかのプレート（板）によって構成されており、そのプレートの下にある高温の流動体が動くことによってプレートも移動します。日々の活動が地震や噴火などの現象を引き起こす、といった地球活動の理論を研究します。地球の歴史では、地球誕生から生命の誕生、そして生命の進化について学習していくことになります。

地球環境は、大地の他に「風」と「水」によって構成されており、そのメカニズムや循環についても学んでいきます。大気圏や成層圏という言葉は聞いたことがあるでしょう。空にはいくつかの層があり、これによって太陽エネルギーが緩和されます。大気は活発に運動しており、天気の変化は大気の運動によって発生する現象です。そして地表に降り注ぐ雨は、地表の水が蒸発して、それが再び地表にもどる、つまり、地球上の水は循環しているのです。この分野では、このような大気と海洋の仕組みや運動について学んでい

部地球学科などで恐竜生物学が設置されています。

きます。

●未知の分野で新しい発見をしていく

さらには、「宇宙」についての考察にも及びます。宇宙には無数の天体が存在していることや、複数の銀河が存在していることも分かっており、地球は、その銀河にある太陽系の一部です。宇宙は、まだまだ未知の分野ですが、宇宙にはどのような種類の天体が存在しているのか、天体ごとにどのような特徴があるのかなど、宇宙の構造を学びます。

「地球科学」では、地質や地層の調査法、人工衛星により地形や海洋、大気の変化を観測する、地学研究のための基礎的技法を学びます。地上の鉱物、岩石から地球内部のマントルまで、地球を構成する物質を解明していきます。天然・人工の結晶などが対象となる「鉱物学・結晶学」、地質・地盤を対象とする「地質学」、地殻・マントルなどを対象とする「岩石学・火山学」などの専門も学んでいきます。

日本は、地球においてもっとも地震や火山活動の活発なエリアの一つです。どのようなメカニズムで地震や津波、火山活動が発生するのかを理解することは有益です。

また、近年では、「人新世」という地層区分が、提唱されています。SDGsなどの考え方が浸透し、地球規模で歴史を考えることの重要性が高まっています。大きな視点から未来について構想する力も、地学を学ぶことによって身についていきます。地球も宇宙も、まだまだ未知の分野が多く、新しい発見をしていく興味もあります。

地上の鉱物、岩石から地球内部のマントルまで、地球を構成する物質を解明し、今後の予測などにも役立てる学問で、「地球科学」とも呼ばれることがあります。研究領域はさまざまで、天然・人工の結晶などが対象となる「鉱物学・結晶学」、地質・地盤を対象とする「地質学」、地殻・マントルなどを対象とする「岩石学・火山学」などなど。地球を科学的に解明することで、温暖化対策や災害予測にも役立てようとする学問でもあります。

卒業後の進路

公務員関係では、気象庁、環境省のほか、地方公共団体の土木関連や環境関連、公害研究所などに進み、専門を生かした職業に就くことが多い分野です。一般企業では、石油開発関連企業や地質コンサルタント、ボーリング関連企業などが挙げられます。大学院へ進学して研究を続け、学者になる人も多くいます。

自然科学系（理工系）

電気電子工学

どんなことを学ぶのか

コンピュータ、スマートフォン、ロボット、ＡＩ機器、電気自動車、太陽電池など、電気電子工学の技術は、現代社会のあらゆる技術分野にかかわり、私たちの生活を支えています。情報通信技術やロボット開発など、次世代のハイテク産業を進めていくなかで、もっとも必要とされる学問の一つです。医療機器や自然エネルギーなど、生活に密着している幅広い産業に活用できる将来性があります。

●現代社会の生活に欠かせない半導体の発明

電子工学とは、電子運動による現象を研究し、その現象を応用する技術や装置を研究・開発する学問です。「エレクトロニクス」と言ったほうが分かりやすいかもしれません。電子回路や電気磁気学、プログラミング・エネルギー、電子デバイス、通信・センサー工学電気などの基礎科目を理解したうえで、多岐にわたる電気電子関連の専門知識と技術の習得を目指し、機器・システムを開発していく力を養います。

電話やテレビ、衛星など電気通信機器の誕生以降、半導体・集積回路やコンピュータなど、さまざまなエレクトロニクスの分野が発展しました。それらを専門に研究する学問として誕生したのが「電子工学」です。「半導体」や「磁性体」などを代表として、私達の、日々の生活に欠かせない発明を成し遂げてきました。

大学では、現代人にとってなくてはならない電子デバイス、スマートフォン、ゲーム機、パソコンなど、多種多様な製品に用いられる、さまざまな電子デバイスの仕組みや動作原理なども学びます。

●省エネや持続可能なシステムの構築が課題

現在の電気工学の課題として、電気エネルギーの効率化が挙げられます。

24時間営業の店舗や家庭のオール電化まで、あらゆるエネルギー消費をまかなうために必要な火力発電や原子力発電。ここには環境面や安全面の問題もかかわってきます。「省エネ」「創エネ」「蓄エネ」の技術を開発する役割も担っています。同時に、快適な生活とともに地球環境に配慮した持続可能なシステムの構築が、電気工学においての課題となっています。

また、情報処理やネットワーク関連、ソフトウェアなど、コンピュータの応用分野や技術を研究・開発する情報工学などとの連携も重要です。画像や音声認識などの情報処理技術や情報通信ネットワーク技術、人工知能など知能情報処理の発展にともない、ソフトウェア技術を情報工学で学んでいきます。一般的に、電子工学はハードウェア寄り、情報工学はソフトウェア寄りというイメージがありますが、この二つは密接に関連しており、両学科で横断的に研究されることも珍しくありません。

社会に貢献できるアイディアを生み出していく学問であることから、あらゆる業界のメーカーにおいて、開発者や研究者のニーズが高まっています。

卒業後の進路

電気電子系はもちろん、機械メーカー、通信、IT、建設系、自動車、電気機器、コンピュータなどのメーカーで、研究職をはじめ、設計開発職、製造技術職など多くの需要があります。電気主任技術者、電気通信主任技術者、電気工事士、電気工事施工管理技士、無線技術士などの資格取得も可能です。

機械工学

自然科学系（理工系）

どんなことを学ぶのか

機械と言えば、自動車や電車、飛行機、船など、乗り物が浮かんでくるのではないでしょうか？　ほかにも、掃除機や冷蔵庫などの電化製品、パソコンや携帯電話なども機械のカテゴリーに入ります。このように私たちの身の回りは機械で溢れています。機械工学は、こうしたさまざまな機械の研究や設計を通じて、日本の工業やもの作りを支える大切な分野です。

●アイディアをもとに設計・開発する知識と技術を習得

機械工学は、文字通り機械を作るための技術や知識を学ぶ学問です。技術やパーツを組み立てる機械システムの原理と、アイディアをもとに新たに設計・開発していく知識と技術を習得していきます。

機械を動かすためには、電気や熱、摩擦など、さまざまな力が発生することから、設計の際、機械にかかる力を正しく想定しなければなりません。そのため大学では、「力学」を中心に学び、機械がどうして動くのか、動いた際にはどんな力が発生するのかを理論的に理解します。

その知識を応用して、様々な機械の設計や製造に活用します。

「機械」には、産業機械や産業ロボットをはじめ、時計やカメラなどの精密機械、自動車などの移動機械、病院で使われる医療機械などがあり多種多様です。航空や自動車など乗り物や、医療機器などの機械は、事故が起こらないように機械工学を用いて設計し、実験を繰り返すことにより安全性を確認します。こうした過程にかかわる機械工学の知識は、幅広い産業において役に立っています。

●省エネルギー化など環境問題を解決する開発にも貢献

機械が動くためにはエネルギーが必要ですが、石油や電気などのエネルギー資源には限りがあります。地球温暖化が社会問題となっている今、エネルギーの使用を最小限に抑え、エネルギーの排出も、環境に配慮したもので

column

機械工学科は「つぶしがきく」「就職に強い」

世の中が進歩しても、景気の好不況は避けられません。仮に景気が悪い時代でも機械工学を勉強した学生の就職率は高いと、以前から言われています。現代のもの作りの現場では機械工学の分野で勉強するさまざまな、数多くの問題に対応できる能力や、いろいろな分野の専門家と力を合わせてものを作る能力を身につけた人が多いからと言われています。

なければなりません。機械が自然環境にどのような悪影響を及ぼし負担を与えているかを検証しながら、社会に役立つ機械を開発するための研究を行っているのが機械工学です。

●話題のロボットやハイブリッドカーなどが学べる

工業機械を研究する「機械工学」、自動車・航空機・電車などの乗り物を研究する「交通機械工学」、時計やカメラ、医療機械など精巧な電子機械を研究する「精密機械工学」、産業用ロボットを研究する「生産機械工学」、コンピュータによる機械の自動化・知能化技術を研究する「システム制御工学」、エネルギー機関などを研究する「エネルギー工学」などが挙げられます。なかでも、近年の注目の研究領域は、ロボット、医用機械分野です。

さらに、機械システムをコントロールするための「システム制御工学」、いわゆる人工知能・ＡＩの応用を様々な角度から研究する「知識工学」、人間が使いやすい機械や道具を創造するための「人間工学」などの応用分野も学ぶことができます。

卒業後の進路

ほとんど全ての業種で機械が使われているため、機械設計エンジニアとして活躍の場が多くあります。大学で学んだ内容が仕事に直結することから、自動車メーカーや家電メーカーほか、IoTやAIロボットなどの分野に進む人も多くなっています。

自然科学系（理工系）

情報工学

どんなことを学ぶのか

今やスマートフォンやパソコンだけでなく、家電製品、自動車、航空機、電車などあらゆるものに情報機能が組み込まれており、私たちの日常生活には欠かせない機能となっています。

情報機能が止まってしまえば、交通信号は作動せず、車のエンジンは制御不能に、航空機は離陸着陸できなくなるなど、私たちの生活に深刻な影響が及ぶことになります。

私たち人間は、情報処理能力を使って、情報の検出、コミュニケーション、意思決定、会話などをしています。私達から情報処理能力が失われると、即座に活動が止まってしまいます。今を生きるには情報処理は不可欠な要素です。

●スマホアプリやゲームなどを制作する実践的な講座も

情報工学では、情報システムがどのように動いているのかを研究して、プログラミング技術を学び、コンピュータを使いながら実際にシステムを構築するまでの研究を深めていきます。コンピュータ科学、メディア工学、通信工学の観点から融合的な科目を履修します。プログラミングの授業では、スマホアプリやゲームなどを制作する実践的な講座を持つ大学も多くなっています。ＩＴを学ぶにあたり、情報を扱う際の倫理についての知識を学ぶことも重要課題となっています。

情報工学を大まかに分けると、コンピュータサイエンス、メディア工学、コミュニケーション工学が主な分野となります。情報工学では、コンピュータの基本構成、ソフトウェア理論、数理解析、計算物理学などを中心に学びますが、近年は、文系科目にまで広範囲に及ぶこともあります。例えば、今は商品を売るためにはマーケティングの力が大きいため心理学の観点も重要です。心理学やさまざまな分野とＩＴを掛け合わせることで新たな技術や価

column

「情報」という名がつけば、プログラミング

　ＩＴ人材の不足という背景から、２０２０年、小学校でプログラミング教育が必須化になりました。プログラミングとは、コンピュータにさせる処理を順番に書き記したもので、コンピュータに、「ああしろ、こうしろ」という指令をプログラム化するしくみのことです。私達に身近なスマホやゲーム、あるいはまた、今話題の生成ＡＩなど、現代社会はプログラミング無しでは世の中が動いていきません。

　大学でも、東京理科大学情報工学科、早稲田大学情報通信学科といったように、「情報」と名がつく

値を生み出すことができるのです。

現在私たちの日常生活を取り囲むＩＴ機器のほとんどは、３つの要素から組み立てられています。①ネットワーク、無線など通信技術、②オーディオ、ビデオなどメディア技術、③それらを制御するコンピュータです。これらの要素のいずれかが欠落すると、デバイスの設計は不可能になります。ですから、３つの要素をバランスよく身に付ける必要があります。

●今や人工知能やロボット開発にまで及ぶ学問に

大学によって異なりますが、一年次には情報技術のベースとなる数学や物理学を学び、プログラミングの基本を身に付け、実習を通してC言語などのプログラミング言語を学習していきます。その上で、システムを操作しながらロボットやゲームソフトなどの仕組みを学んでいきます。プログラムの体系についての理解を深めるためには、人間の思考などに関連する文系的な勉強も必要になります。

さらに、幾何学、代数学、微分方程式などの高度な数学や、統計学、情報

column

データサイエンスとは？

高度なデータを処理するための、情報工学、応用数学、統計学などを基盤として、現代社会に溢れる膨大なデータを科学的に読み解き、有益な価値を生み出す学問。このデータサイエンスによって、医療用の検査、気象予測、物流の効率化など幅広い分野で応用されます。

学部・学科はプログラミングなどのＩＴ技術や情報通信分野の勉強が中心です。また文系でも、やはり情報という名がつく学科は、プログラミングが学べます。

理論、電子回路などの理解を深め、Java、C++など、より高度なプログラミング言語を習得していきます。そうした学びを応用して、最終段階には、人工知能や音声・画像認識、大量のデータから規則性を見つけて処理するパターン認識、システム全体を管理するオペレーティングシステムなど、最先端のテクノロジーを学びます。

この学問に含まれる情報コンピュータ学では、情報の生成、取得、伝達、蓄積、加工、表示などに関する技術を開発し、それを使いこなす技術者を育成する目的も持っています。情報を効率よく交換させるための通信技術を正しく理解し、人間の役に立つように処理する画像や音声などのコンピュータ技術を学びます。

近年、実践的な科目を設置する大学も増えており、人工知能の理論からプログラミング技術までを学び開発するAIサービスのデザイン、デバイス制御、データ構築の理論、IoTデバイスプログラミングを総合したIoTサービスのデザインなどのほか、ロボット開発を行う実践も多く行われてい

column

データサイエンス学部が増えている

世の中のIT化、デジタル化が進むことで、大学でも、データサイエンス学部が増えてきています。2023年4月に一橋大学にソーシャル・データサイエンス学部・学科が新設されました。データサイエンスを融合させた教育研究が必要だということです。データサイエンス学を学べる大学は他にも横浜市立大などたくさんあるので、プログラミングに興味のある人は、調べてみるといいでしょう。

ます。

今や予想もできないスピードでＩＴ産業は発展を遂げています。現在身のまわりにあるＩＴ機器の音声、映像などのメディア技術、ネットワーク、無線などの通信技術、それらを制御計算する技術などの革新は、今後さらに加速していくことでしょう。情報工学はＩＴ化が進む現代においてなくてはならないものであり、高い将来性が見込めます。

卒業後の進路

ＩＴ業界を代表的として、インターネット・Ｗｅｂ業界・通信業界・ソフトウェア業界・ハードウェア業界・情報処理サービス業界などで、エンジニアやプログラマーとして活躍する人が多い時代です。情報処理に関する幅広い知識とプログラミング技術などを生かして、電気・機械・通信系のメーカー、ゲーム・アニメーションの制作会社、ＩＴベンチャーなど幅広い分野でエンジニアの需要が高くなっています。

自然科学系（理工系）

建築学・土木工学

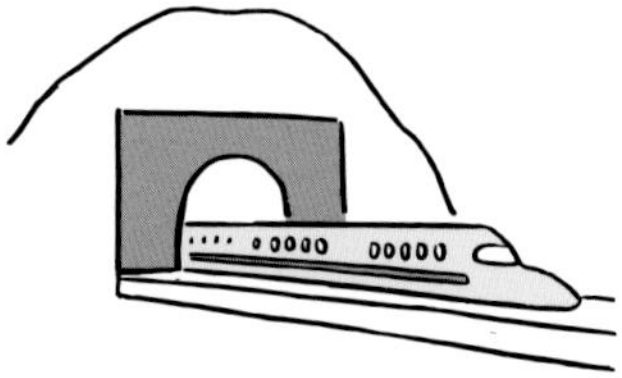

どんなことを学ぶのか

地震などの自然災害が頻発する日本の現状を考えると、強い都市計画や住宅建築の研究、都市の「ライフライン」（道路・橋・上下水道など）、強じんなインフラを組み立てていくことが必須になっています。道路や橋のほか、トンネルなどの道路施設、鉄道、港湾や空港、河川などの社会基盤（いわゆるインフラストラクチャー）を強固にしておかなければ、災害に対応できません。建築学・土木工学は、人が安心して生活できるような建築物や都市環境についての研究を行う上で、現在もっとも人間の生活に密着した実用的な学問と言えます。

●住宅から都市整備まで、安全な生活を支える基盤を研究

建築学・土木工学では、モノ作りをテーマとする工学系統のなかでも分野

が広く、作り上げる建造物の種類によって「土木工学」「建築学」「建設工学」の3部門に分けられます。

土木工学では、主にインフラストラクチャーについて研究します。道路や橋、トンネルなどの道路施設、鉄道、港湾や空港、河川など社会基盤に関する知識を習得していきますが、特に建造物の丈夫さや耐久性に関する力学系の技術を重視して学んでいきます。住生活と自然環境との共生を追究し、人間が安全で健やかに暮らせる環境作りに必要な環境工学を組み入れる大学が増えています。

大学では、計画から設計・施工に至る建造のプロセス、丈夫で機能性の高い建物を造るための技術、管理や補修、解体までの全工程を学んでいきます。特に、公共的な建物、道路などの土木建造物では、地震や火災、水害に対する耐久性が必要となり、構造的な強度と保守管理や補修に関する知識も習得していきます。

また、建造物の「構造・材料」「構法・施工」を中心に学びます。環境からの作用を研究する科目が多く、天候や地下水による地盤の浸食、強度の変化を扱う「地盤工学」「河川工学」「海岸工学」などにも及びます。さらに、火災や地震、交通などの防災面も重視されます。

建築学では、主に建物の設計と建造を研究します。住宅や店舗などの設計・施工から病院、学校など公共施設、都市や地域の開発計画まで、スケールもさまざまで幅広い分野にわたります。

建設工学は、「土木」と「建築」の中間にある学問領域で、都市建設や緑地開発、インフラ整備など、規模の大きい建設プロジェクトを扱います。建設工学では、地域づくりや都市基盤整備にまで範囲が広がっています。

●理論科目の上に実技や現場での実地の体験実習も

土木工学・建築学・建設工学というジャンルごとに、カリキュラムの構成は異なりますが、建物や構造物を造る技術を学ぶことの基礎科目は共通しています。

理論科目として、まず建物や構造物に作用するさまざまな「力」の種類（例えば振動、風圧や水圧、地震など）とエネルギーを分析し、破壊のメカニズムを探る「構造力学」「土質力学」、それに実技科目として「設計製図」「デッサン」「測量」などを学びます。

また、実地重視の授業を取り入れる大学も増えています。模擬住宅を使って、計画・設計から施工までの建築業務の流れを体験したり、工事や建設の作業現場をレポートにするなど、実践で必要な専門知識と技術を実地で学んでいきます。

建築学は、数学、物理学、化学など基礎知識を習得した上で、建築の基礎となる構造力学や構造設計、実際の建築に即した建築工法、建築材料学、建築施工学などの科目を履修します。建築材料や耐震・防火などを扱う「構造」、デザインや設計・工法を扱う「計画」、空調や水まわりなどの建築設備を扱う「環境」などのほか、建築設計、環境工学、都市計画、建築史、建築意匠論などを学び、これらの専門科目をベースにして設計製図を履修します。実技科目として「設計製図」「デッサン」「測量」が重視され、住宅、集合住宅、病院、ホテルなどテーマに沿ってプランを立てて図面を作成し、模型を作る授業を行っている大学もあります。住みやすさやデザインにも重きをおき、建築文化などの要素も組み入れられています。

土木関係の就職は堅実で安定しています。大規模な都市開発が進んでいる都市もあり、災害に強い街づくりは必須課題です。土木工学の知識は今後ますます需要が高くなるばかりです。

卒業後の進路

土木関係に就職する人がほとんどです。国土交通省をはじめ環境省、防衛省といった土木工学にかかわる省庁、県庁や市役所といった地方自治体の土木専門職など地方公務員も広く門戸を広げています。民間企業では、総合建設業（ゼネコン）がもっとも多く、設計・計画・調査の建設コンサルタントやディベロッパーなどの職についたり、鉄道会社、道路関係、東京電力や東京ガスといったエネルギーインフラの企業に進む道もあります。建築学は、建設会社へ就職する人もいれば、設計事務所を経て建築士として独立する人もいます。

自然科学系（理工系）

材料資源工学

どんなことを学ぶのか

さまざまな材料の進化によって私たちの生活は発展を遂げてきました。自動車社会は鉄鋼材料が大量生産できるようになったことで可能になったし、情報化社会は半導体の発明のおかげで進化しています。材料資源工学は、このように身の回りにあるあらゆる「モノ」の材料や素材を開発するための基礎となる学問です。化学や物理学の手法を応用し、優れた機能をもつ新素材が開発されています。近年では、地球の資源の有効利用などに関連する学問としても重要性を増しています。

●ナノテクノロジー発明で新しい技術が生まれる

工業製品の材料となる物質を開発するための研究をします。材料の構造とその機能を工学的に解明しながらもの作りに適した材料の開発を目指し、単に元素を混ぜ合わせるだけではなく、加熱、冷却、加工などあらゆる工程を加えるなどして新たな機能を発見していきます。鉱物などの原材料の加工をしたり、物質の反応に化学的な手を加えるなど、物質が持つ機能を変える技術や物質の化学合成などを発見する学問です。

現在では、さまざまな分野で小型で軽量、硬くて丈夫、成型しやすいなど、人工的に創り出された材料が多数利用されています。例えば、軽くて加工しやすいプラスチックなどは、人々の暮らしに欠かせないものとなっています。このように有益な新しい素材・物質を発明することが第一の目的です。材料工学では、鉄やアルミニウム、チタンなどの「金属材料」、陶磁器やガラスなどの「無機材料」、液晶や有機ELなどの「有機材料」、それらを組み合わせた「複合材料」などに区別されます。近年では、金属などのを素材としていた時代からナノテクノロジーを利用した素材開発へと著しく進化を遂げています。また、形状記憶合金やクリーンエネルギーである水素を安全に貯蔵する水素吸蔵合金などの新素材も次々と生まれています。

●資源新エネルギー・再生可能エネルギーを開発

大学では材料工学の基礎となる物理、化学、数学などで、基礎物質を作っている原子、分子、電子の精密な構造やはたらきの理解や有機・無機材料についての理解を深めます。無機化学、有機化学、物理化学の基本領域のほか、量子力学と熱・統計力学を基礎にした物性物理や、電磁気学などを学習します。基礎知識を習得したのち、生体材料化学、セラミックス材料学や社会インフラ材料学、半導体材料工学などを履修します。実践的な演習や実験も多く、実験結果の分析をするためのプログラミング、情報処理などの技術も重視されています。また、大学によっては工場見学などの実地研修なども行われています。

資源工学は、地球の内部の岩石圏にある地下資源を研究していき、鉱物資源やエネルギー資源を開発するための技術を習得します。資源の調査・採掘を行い、実用化まで進めていきます。近年では、バイオマス、風力、太陽光波などの資源新エネルギー・再生可能エネルギーの開発を重要課題として研究が進められています。

大学では、数学、物理学、化学、地学などの基礎を固めた上、電気工学など基礎的実験も行います。専門科目としては核燃料工学、探査工学、エネルギー変換工学、開発システム工学などがあり、実験が欠かせません。
また、近年、課題となっているプラスチックのゴミ処理などを解決するため、環境工学や環境安全工学なども必要な知識となります。資源工学の一部門として近年重要度を増しているエネルギー工学は、石油や石炭を効率的に使う技術や燃焼時に出る汚染物質を減らす技術を課題としています。原子力の安全性、コスト、技術改良を考えたり、環境に配慮した資源開発にも有益な学問です。

大学によっては物理工学科、機械工学科などで学べる場合もありますが、工学部、理工学部の材料工学や物質科学、マテリアル工学などに進むことが一般的です。先端材料工学科や高分子・有機材料工学科のように高機能・新機能を持つ材料の開発などを行っている大学もあります。

卒業後の進路

大学院に進学する人がほとんどで、主に鉄鋼やアルミニウム・鉛・亜鉛など、金属を扱う素材メーカーなどへの門戸が開かれています。また、電気機器や自動車などの製造業に進む人もいます。

自然科学系（理工系）

航空宇宙工学

どんなことを学ぶのか

今日の航空宇宙技術により、人間の活動は地球から離れ、スペースシャトルや宇宙ステーションにまで及んでいます。現在も〝国際宇宙ステーション計画〟が進行しており、日本と欧米数か国が共同で研究が進んでいます。日本人の宇宙飛行士もたくさん誕生し、宇宙への興味は増すばかりです。航空機を利用した高速輸送、衛星による通信、放送、天気予報など航空宇宙技術は、私達の日常生活に不可欠なものと言えます。

飛行機などを扱う航空工学と、ロケットや人工衛星などを扱う宇宙工学の研究を行う航空宇宙工学は進歩が著しく、今後もっとも発展が期待される分野です。

column

天体の謎を解く宇宙生物学もある

子供の頃、「この宇宙の果てってどうなっているのだろう?」などという疑問を抱いて、それを考え始めると夜寝られなくなった、なんていう経験はありませんか。物理学は、「ナゼ」を解く学問だから面白いのです。天体の謎を解く天文学は、筑波大学、埼玉大学、群馬大学、東京大学など多くの大学の理工学部で学べます。また天文学は、幅広く他の

●航空宇宙工学の基礎・専門分野を修める

航空宇宙工学は、航空工学と宇宙工学の2つの総称で、航空機・ロケット・人工衛星などの設計・製造・運用に関するさまざまな知識が結集したシステム工学です。

航空機やロケット、人工衛星や宇宙ステーションなどを研究・開発するために、設計・製造・運用の理論を物理学や機械工学、材料工学、通信・情報工学などの科目を総合的に学習していきます。

学ぶ分野は、飛行機に働く空気の力やロケットを推進させるシステム、空気抵抗や浮力を研究する流体力学、機体の構造・設計に関する構造力学、飛行に必要なエンジンを研究する推進工学、機体の操縦性能や飛行の安定性を追求する航空・制御工学などがあります。また、空気力学、飛行力学、熱力学、推進工学、構造力学、制御工学、材料工学など航空宇宙工学を支える基礎科目の習得も必要です。

さらに、航空機や宇宙機を設計・製造・運用するための基礎理論と先端技術を修得します。各分野の技術課題を発見し、航空宇宙の専門分野を修めると同時に、総合的に考える能力を育成しなければなりません。航空機や宇宙

分野と融合しています。例えば、地球以外の天体で生命体を見つけるためには、生物学との融合が必要で、アストロバイオロジー（宇宙生物学）という学問もあります。また惑星探査には、探査機を創るため工学との融合も必要です。天体工学という学問もあるくらいで、宇宙の謎の研究は魅力に満ちているのです。

機の開発・設計だけでなく、宇宙環境利用、地球観測などにまで広げて考察する力を養います。

●国際的に活躍できる研究者を目指せる分野

さらには、航空宇宙工学ならではの実験・実習も行われます。例えば、翼や機体の風洞実験、エンジンの燃焼実験、高真空環境実験などが挙げられます。また、衛星通信など、宇宙の利用に関しての知識も習得していきます。飛行ルートの環境の安全性なども考慮しなくてはなりませんし、宇宙空間での酸素や食糧の自給問題、安全性、信頼性、経済性への考察も求められます。

数学や力学の基礎理論から、航空機や宇宙機の設計・製造・運用に必要な専門知識や技術までを体系的に学び、基礎学力と専門知識を備えた上、国際的に活躍できる研究者・技術者を目指す人は、課題を発見し解決する能力・語学力、コミュニケーション能力、プレゼンテーション能力なども養っていきます。

ハイテクの最先端をいく分野だけに、研究施設や実験機器、情報処理システムなどが重要となります。航空宇宙工学に強い大学としては、東京大学や東北大学、名古屋大学、九州大学などで、これらの大学は研究室や教授陣が充実しています。

「航空」「宇宙」という名称が含まれない機械系や通信・情報系、材料系学科でも航空機や宇宙を対象として研究している大学もありますので、自分の興味に沿って調べてみるとよいでしょう。

卒業後の進路

専門知識を生かすことのできる自動車、電気機器、精密機器メーカーなどでエンジニアや研究者として活躍する人が多く、大学院に進学したのちに就職したり、研究を続けて専門家になる人がほとんどです。また、航空機関連企業、宇宙開発事業団、航空宇宙関連研究所などへの道も開かれています。

農学

自然科学系（理工系）

どんなことを学ぶのか

地球規模で見れば、人口増加と食糧不足が大きな社会的課題になっています。また、日本は米を主食としていますが、農業人口が著しく減少しつつあり食糧危機の問題を抱えています。将来、人間の食生活は、どのような状況になるのか、そのために何ができるのかを考え、食糧や地球環境についての課題を解決していかなければなりません。「農学」は、そうした問題を克服し、豊かな食生活を送る未来を目指す学問として注目されています。

●フィールドワークでの農業体験を重視

農学は、農業やそれに関わる生物、植物、さらには地球全体の環境などについても研究する学問です。実際に土や植物に触れて農業を実地で学ぶだけではありません。近年では、バイオ素子やバイオセンサーの開発、細胞融合技術や遺伝子組み替え技術を利用した新しい栽培・増殖の技術、鮮度を保つ輸送方法などの先端技術を使った研究にも携わります。農薬などを使わずに雑草や害虫を駆除する方法、乾燥地域での作物の栽培、砂漠の緑化など環境保全に関連する分野としても期待を集めています。サイエンスをベースに、アグリ、バイオ、エコなどについて、それぞれの課題を解決していく、より高度な理論や技術を学びます。

一般的なカリキュラムとしては、生態系、遺伝、栽培、土壌など作物学や育種学を中心に、園芸学、昆虫学、植物病理学、土壌学、生物化学などの基礎科目を履修した上で、バイオテクノロジーなど最先端技術に関する科目やマーケティング、気象、農業経営学などの幅広い専門分野が組み込まれています。

農学の授業では、実際に農場で作業をしながら農業を知る「フィールドワーク」も重要です。作物の育て方、作物の生育と環境の関係、害虫の知識ほか農業に必要なあらゆるノウハウを実践で学んでいきます。作物の生育方法と土壌や気候など環境の関係、害虫の及ぼすダメージなどを体験することで農業の理解がより深まります。

●日本の農業が抱える課題を解決する

日本の農業が今目指しているのは、農作物の品質向上と農業生産の効率化です。品種向上としては、成長が早く病気に強い、さらには収穫量が多いといった特性を持つ優良な品種の開発が求められます。一方、効率化では、土質や水質など農地環境の改善、栽培法の改良、肥料や農薬などの問題解決が必要となっています。そうした課題を解決していくために期待されているのが農学なのです。

大学では、農薬・肥料や、農産物の保存・加工など化学的研究をする「農芸化学」、農家の経営や経理、農産物の流通、食糧問題など、経済的テーマを学ぶ「農業経済学」、農地や農業施設、農機具など工学的な分野である「農業工学」まで多岐にわたり学習します。さらに、野菜や果樹、花卉（花をつける草や木）を対象とする「園芸学」の領域では、「蔬菜（野菜）園芸学」「果樹園芸学」といった科目も履修します。

最近、よく話題となる「地域創成」をテーマに「食」と「農」のエキスパートを育成する地域創成農学科も注目されています。地域創生とは、東京一極化を避けて、地域で住みよい環境を整え、将来にわたり活力ある日本社会を創造していくことを目指すものです。その観点で、植物保護・栽培育種・農業経済・地域創成・食品加工・醸造などを研究することで、農業生産や加工、経営、また醸造・発酵をはじめとする食品科学に関する専門的知識と実用的技術を身につけて、地域社会における農業の現状や課題を発見・解決する能力を養います。農業と食の面から地域の活性化をはかり、日本を健全に維持していくための新しい発想の学問として期待が高まっています。

農学部は、畜産学部、園芸学部、生物資源学部などで学ぶこともできますし、大学により、環境学科、生物資源学科、生物生産化学科などさまざまに細分化された学科の中に設置されています。自分が進みたい分野について、大学によりどのような研究をしているかを把握しておくとよいでしょう。

column

自然科学系では水産学も注目

世界的な交渉が行われる多くの水産資源の研究や、海洋そのものを研究対象として地球環境や気象の問題などを学ぶ水産学。海洋生物科学、海洋資源科学、増殖生命学、環境科学など水産学の扱う分野は多岐にわたります。国立東京海洋大学は、海洋生命科学部、海洋工学部、海洋資源環境学部と大学院海洋科学技術研究科などがあります。その他にも東海大学水産学科、近畿大学水産学科など、国立大や私立大などにも水産学を学ぶ学部を備えた大学はたくさんあります。

卒業後の進路

食品や医薬品メーカー、バイオテクノロジーを扱う企業などで研究開発の仕事に従事する人が多く、農協などの農業関係団体、公務員として農業試験場の研究員や農業改良普及員としてなどさまざまな活躍の場があります。

大学・学部選び 先輩の一言

入ってみてわかる、その大学の良さ

明治大学 政治経済学部　R・Iさん

受験の時には、大学や学部にこだわらないで文系の学部を受けた結果、志望校だった大学にいくつも合格することができました。そして、合格した大学の中から、明治大学政治経済学部に入りました。

明治大学は、入ってみたら自分のやりたい方向にあっていました。どこの大学でも入ってみると、良さがわかります。

文理融合の学部で、幅広く学ぶものもいい

慶應義塾大学 総合政策学部　K・Hさん

一番行きたかった慶應義塾大学の３学部を受けて、総合政策学部への進学を選択しました。総合政策学部は、文理融合の学部なので、文系の学問と共に理系のIT系など、興味ある科目も学べます。学部選びは、文理融合の学部も魅力です。

大学では好きなことを学べる学科を探すといい

早稲田大学 創造理工学部　Y・Oさん

子供の頃からロボット作りが好きだったので、理系を目指しました。入試では、工学部のある大学を主に受けて、早稲田大学創造理工学部に合格できました。いちばん学びたかった学部に合格できてよかったです。大学では好きなことを学べる学科を探すといいですね。

医学

- 医学
- 歯学
- 薬学
- 看護学
- 保健衛生学
- 獣医畜産学

医学

医学

どんなことを学ぶのか

医学の道を志す人は大変多く、言うまでもなく毎年、厳しい受験競争が繰り広げられています。医学の進歩は年々そのスピードがめざましく、新しい分野への開発も著しく進んでいます。最近では、ノーベル賞を受賞したｉＰＳ細胞の京都大学・山中伸弥教授など、官民の研究所や開発機関で基礎研究や応用研究などに取り組む研究者も増えています。現在では、科学技術の進歩によって医学の技術も飛躍的に向上しており、海外で研究するなど、医学部に進んでからもさまざまな道が開かれています。どの道を選んだとしても医師には、人命に対する敬いの気持ちと社会に貢献する使命感は欠かせません。

●基礎医学や臨床医学に解剖、試験も多い厳しい6年間

医学部は、医師を養成するための6年制大学というイメージがありますが、薬学・看護・保健・栄養・生命科学などの学科を設けている大学もあります。この中で医師になるための専門の学科が医学科です。

医学科は6年制で、ほぼすべてが必修科目です。また、どの大学でも解剖が重視されており、知識だけを習得するのではなく、実際に生物や人の身体を検証します。人体解剖などの実技実習も行われ、人間の身体の構造や機能を学んでいきます。

1・2年次では、数学、生物学、化学、物理学などの自然科学に関する科目を深め、3・4年次には、解剖学、生理学などの基礎医学に関する科目と内科学、外科学などの臨床医学に関する科目を履修します。4年次後半から研修医として臨床医学を学びます。5・6年次からは、臨床実習が始まり実際に患者を担当します。病状の経過を観察したり、治療方針を考えるなど、実際の臨床現場で経験を積みながら学んでいきます。

基礎医学や臨床医学といった専門課程のほとんどは必修科目となってお

り、医学部では試験が頻繁に行われます。４年次には、学年の終盤に全国共用試験を受けます。学力テストのＣＴＢと実技テストのＯＳＣＥの２科目で、この試験に合格できなければ５年次に進級できず、病院実習へと進むことはできません。５・６年次には、大学附属病院などで実際の診断、治療を実践して体験しながら経験を積んでいきます。内科・外科・小児科など各科で指導医師について研修を行い、最終的に医師国家試験に合格すれば医師としての資格を得ることができます。

●大学の得意な専門分野を調べて進路を決める

医学部には、大別して基礎医学、社会医学、臨床医学の３分野があります。

① 基礎医学

患者を診察、治療する上で必要な基礎知識を学びます。人間の身体の構造を学ぶ「解剖学」、身体の機能を理解する「生理学」、薬物の知識を身につける「薬理学」など人体の構造・機能、病気とその原因を理解することが目的です。

②社会医学

生物としての人間だけでなく、社会的存在としての人間を重視して研究、診療を行う医学です。それぞれの生活状況と健康状態との関連を検証したり、人々の健康と福祉の向上を目指す学問です。

内容としては公衆衛生、産業医学、労働医学、農村医学、予防医学などが挙げられます。

病気のリスクを推定し、研究して予防に結びつける「衛生学」や「環境保健学」、医学研究において、データの解析方法を学ぶ「統計医学」、医学に基づいて、法律的に重要な事実関係の鑑定・解釈をする「法医学」などがあります。

③臨床医学

医療現場で実際に患者に接し、診察や治療を行います。内科・外科・産婦人科・小児科・耳鼻咽喉科・眼科・精神科・整形外科などの専門分野に分かれ、応用的に研究を行っていきます。自分がどの診療科に進みたいかに関わらず、すべてを履修することになっています。

また、教養課程の講義として「医学英語」を履修します。カルテを書いたり英語の論文を読むために必要とされる、医師にとって重要なスキルです。近年は医療現場での国際化が進んでおり、国際交流プログラム、海外留学に力を入れている大学も増えています。

医学部を選ぶ際には、自分がどんな医者になりたいのかを考えておくとよいでしょう。研究医になりたいか臨床医になりたいかなど、大学の得意の専門分野を調べて選択することも必要です。

卒業後の進路

大部分の人は臨床医として仕事に就きます。最近では、先進医療技術の知識を深めるため、大学院に進み、研究者を目指す学生も増えています。国や医療の現場でも、基礎医学の分野に若い人たちが多く進むことを期待しています。

医学

歯学

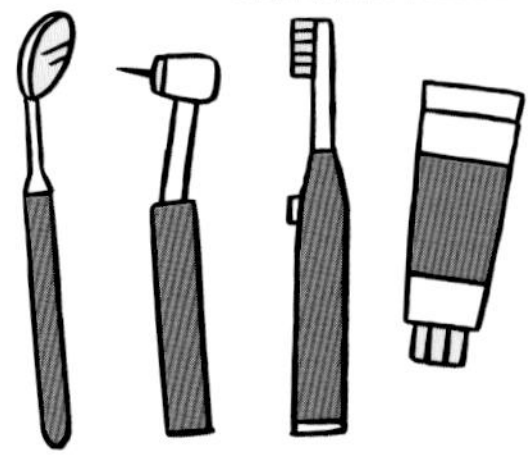

どんなことを学ぶのか

歯科医というと、歯の病気を治す医師というイメージがあります。しかし今、歯だけではなく、あご、口のなか（口腔《こうくう》）についてのあらゆる傷病の予防、診断および治療にかかわります。歯周病は心疾患と関連があるという研究結果もあり、口腔を通して人々の健康を守る歯科医師になるために学ぶのが「歯学」という学問です。

実習中心に口腔内の病気、予防を学ぶ

歯科医の仕事は、口腔（口のなかからのどまでの空間）の疾患を予防し、健康の維持・増進を図ること、また、さまざまな疾患を取り除き、正常な口腔の形態や機能を回復させることです。

虫歯をはじめ、歯周病など歯の周りの病気の診察、治療、予防活動に携わり、たとえば、親知らずを抜いたり、義歯（入れ歯）を入れたり、歯ぐきのはれを切開したりする外科的治療をするほか、歯並びの矯正も行います。また、学校などで歯の定期検診を行ったり、保健所で口腔の公衆衛生関係の仕事にかかわるなど、歯の病気の予防に努めるのも歯科医師の役割です。

大学では、まず、人文科学、社会科学、自然科学、外国語など一般教養科目を履修します。専門課程に入ると、歯学基礎科目、歯学臨床科目などを学びます。例えば、基礎科目としては、口腔生理学、口腔解剖学、口腔細菌学、歯科薬理学、歯科理工学などが挙げられます。また、歯学臨床科目には、口腔治療学、歯科保存学、口腔外科学、歯科矯正学、歯科放射線学、歯科麻酔学などを履修します。授業の多くは実習を伴います。

●技術の進歩も著しく、高齢化社会を支える

歯学の研究は、歯の矯正、虫歯や歯周病の予防歯科学、口腔に関する解剖学、生理学、病理学、細菌学など範囲が広く、さらには、理学や工学での新素材の開発を受けて、インプラント、義歯などの技術も進んでいます。

column

歯科医師国家試験の合格率は過去5年、女性が高い

歯科医師になるためには国家試験に合格しなければなりません。このところ合格率は女性が高いという現実があります。例えば2018年に男性の受験者は1924人、合格者が1162人。合格率60・4%。女性は受験者数が1235人、合格者877人。合格率71・0%。

2019年、2020年、2021年も同じ傾向で、2022年も男性の合格率は57・4%に対して、女性は67・4%です。

昨今の高齢化により、高齢者の中には歯科への通院が困難な人や、老人ホームに入居している人もいるため、歯科医による「訪問診療」が増えています。患者や介護施設を定期的に訪れて診療をするほか、口のセルフケアや円滑な会話ができるよう口を正しく動かすリハビリテーションの指導なども行います。

卒業後の進路

歯学部を卒業すると、ほとんどの人は歯科医師国家試験を受験します。合格して歯科医師の資格を得てからは、1年以上の臨床研修を経験しなければなりません。歯科医院などに勤めて研修医としての経験を積み、その後独立してクリニックなどを開業する人もいます。厚生労働省などの行政機関で日本の歯科医療行政に携わる仕事に就く人もいます。大学院に進学して、自分の専門分野における博士号などの学位や、学会が分野ごとに認定する専門医として働きます。

医学

薬学

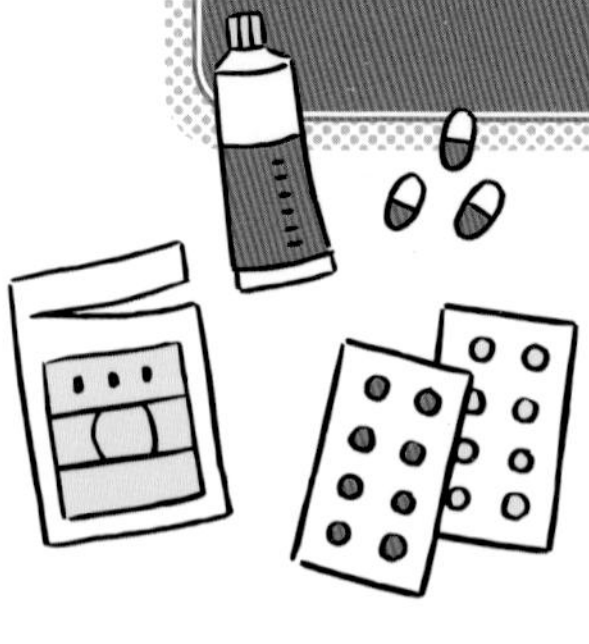

どんなことを学ぶのか

新型コロナウイルス感染症など新しい病気が次々と発生しているなか、治療薬の開発や副作用、製造法などの研究がいかに人間にとって大切かを、世界中の人が認識することになりました。死亡率が高いがんや心臓疾患に対する治療薬の開発などなど、広い分野で薬学が担っています。さらに現在は、「医薬分業」となり病院で診断を受けたあと、薬局で薬を受け取ることが一般的になりました。医薬品の安全で効果的な使用に対して直接患者に説明を行うことが必要となることで、薬剤師が患者にとって身近な存在となっています。薬学の果たす役割には期待が高まる一方です。

●薬剤師養成や研究者の育成

薬学は、薬剤師や研究者を養成するための学問です。薬剤師の免許を取得するためには、6年制大学のカリキュラムを学ぶことになりますが、生命創薬科学科など4年制で学ぶ薬学もあります。

一般的には、医薬品や食品添加物の特性を調べ、人体への影響を明らかにする「衛生薬学」、新薬の開発や効率的な生産方法を研究する「製薬学」、薬の病気に対する作用を明らかにし、薬の効果的で副作用のない使用法を研究する「医療薬学」、微生物などの生物をワクチンなどに利用する研究を行う「生物薬学」などの研究分野があります。

●化学と生物学を中心に倫理学なども学ぶ

薬学の基礎となるのは、化学と生物学です。基礎科目を広範に学びながら、外国語や倫理学などを通して教養や人間性などを養います。その上で、薬学への理解を深め、国家試験受験資格に必要な病院や薬局での実務実習によってより実践的な知識を身につけ、多くの人が薬剤師国家試験の勉強に取り組みます。

大学では、基礎薬学と応用薬学の2分野に分けられ、講義に加えて実験・

実習があります。「基礎薬学」には、薬化学、物理化学、有機化学、無機化学、放射化学、高分子化学、分析化学など、「応用薬学」は、製薬学系、医療薬学系、生物薬学系、衛生薬学系などが挙げられます。実験・実習では、薬局や病院の薬剤部などでの調剤や、製薬会社での製剤の基礎技術を学びます。

さらに薬剤師の倫理規範と法令、患者の安全、薬害等について学習して医療倫理意識の醸成を図ります。また、近年では、医学や化学などとの横断的な研究も進められており、バイオテクノロジーを駆使して新薬の開発をする技術などにも注目が集まっています。

薬学は、薬学部の薬学科、創薬科学科、医療薬学科などで学べます。また、大学により独自の学科を持つ場合も多く、漢方などの生薬関係に強い大学もあります。

卒業後の進路

薬剤師国家試験に合格後、薬剤師として薬局や病院に就職するコースが一般的です。また、製薬会社、食品会社、化粧品会社での商品開発や研究職に携わる人も多く見られます。

医学

看護学

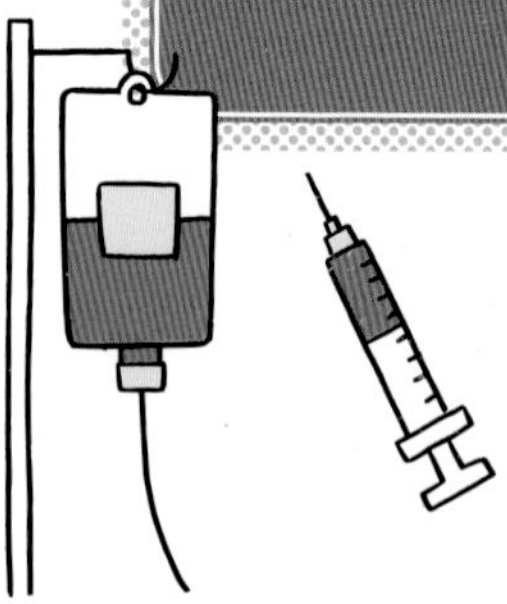

どんなことを学ぶのか

昨今の新型コロナウイルスの世界的な大流行の際に見たように、近年、看護師の活躍の場は広範囲となっています。医療機関のほかに訪問看護ステーションや介護・福祉関連施設などで、人々の生命と生活を支える専門職として需要が高まっています。特に日本では、超高齢社会を迎えて、看護師はさらにその役割を発揮することが期待されており、介護老人保健施設など多様な場でのニーズが高まっています。

●医療・福祉の現場での看護と介護を実践的に学ぶ

看護学は、病院で働く「看護師」、福祉現場で働く「介護福祉士」などを養成するための学問です。病院や社会福祉施設などで医師の診療を補助し、病気やケガで苦しむ、あらゆる人を身体、そして心の両面からケアする知識や技術、方法を習得します。

看護学の研究分野は、実際の看護法などを学ぶ「基礎看護学」や、患者の精神的なケアの研究をする「精神看護学」などを中心に、成人・小児・母性・老人のそれぞれを対象とした看護学に分けられます。

また、近年注目されている分野として、地域社会での健康・保健問題と、援助方法を研究する「地域看護学」や「在宅看護学」、国際的な保健・医療機関での看護を学ぶ「国際看護管理学」なども挙げられます。

患者の年代や病気の内容により「基礎看護学」「成人看護学」「小児看護学」「老年看護学」「精神看護学」「母性看護学」など細分化された看護の方法を学びます。医療・福祉の現場において、看護と介護を実践的に体験しながら知識と技術を習得していきます。

人間の身体から心理・社会まで幅広い知識を学ぶ

大学ではまず、哲学、倫理学、心理学、教育学、生物学、化学などを学び、人間についての理解を深めます。専門分野に入ると、解剖生理学、栄養学、病理学、微生物学、免疫学、薬学などの基礎を習得します。その上で、専門科目として、看護哲学、成人看護学、老人看護学、公衆衛生看護学、母性看護学、小児看護学、精神看護学など実習を伴う科目を履修します。医療・福祉施設などで体験実習を受けたあと、本格的な実習に入ります。

最近では、医療機関や施設のほかにも、患者の自宅等での療養者へのケアを行うことが多くなっています。住み慣れた場所で療養生活をする人たちのため、看護師が定期的に生活の場へ訪問し支援します。人から苦痛や苦悩を取り除き、健康を持続させるためのケアをすることが介護の基本です。ですから、患者の精神状態や生活環境にも気を配らなければなりません。そのため、心理学や社会学ほか理論的学習なども重要となります。

卒業後の進路

卒業すると看護師の国家試験受験資格が得られます。合格後は、病院、診療所、企業の健康管理センターなどで看護師として働く人がほとんどですが、専門を活かせる食品製造、医薬品会社など一般企業へ就職する人もいます。

医学

保健衛生学

どんなことを学ぶのか

超高齢社会が問題となっている昨今、病気になりにくい身体作りを推進して健康的に生活する「予防医学」が注目を浴びています。また、生活習慣病や環境から起こる疾病・障害など、「予防医学」の重要性が高まっています。病気の予防や健康の保持増進について学び、そのための環境作りを研究する学問が保健衛生学です。

人間の健康を維持していくための「予防医学」を学ぶ

保健衛生学は、人間の健康を保つための学問です。病気になる前に病気を予防し、健康な状態を維持するための「予防医学」が中心の学問で、医学や薬学の知識が必要となります。また、健康維持の基本となる食生活についての研究なども含まれます。

医学の立場から、個人や集団の健康維持・増進、病気の予防などを行う「衛生学」、医学関連領域や社会学的領域から集団の健康の維持・増進、病気の予防などを行う「公衆衛生学・保健学」に分かれます。

「衛生保健学」では、病気の原因分析や予防と身体的・精神的健康の維持・増進方法の研究、「保健・環境科学」では、人間を取り巻く環境の中で健康を害する原因の分析と対策の研究、「保健・栄養学」では、栄養学や食品衛生学の観点から考える健康維持のための食生活を研究します。

●カリキュラムが多岐にわたる複合科学

「保健学」は、医学の領域に加えて心理学・福祉学・社会学なども学習しながら、病気の予防、健康の維持・増進のための知識を身につけます。「予防医学」は、集団検診や、生活習慣病を始めとする病気の予防について研究します。地域や職業、年齢など、特定の集団を対象に、かかりやすい病気についての研究や食品衛生や食中毒、アルコール中毒やタバコ中毒、薬物中毒などについての研究、紫外線の増加や環境ホルモンなど地球環境問題と疾病の関係についての研究など、幅広く研究が行われます。

近年話題となっている、認知症と超高齢社会、介護方法や介護をする人の健康、スギ花粉症やアトピー性皮膚炎、生活習慣病である糖尿病と食生活といった新しい医学的問題の研究も進められています。

保健衛生学は、保健学部・健康科学部・健康福祉学部などに設置された学科で学ぶことが一般的です。この分野は複合科学でカリキュラムも多岐にわたるため、自分の興味に沿った内容を備える大学があるか、調べてみるとよいでしょう。

卒業後の進路

臨床検査技師、医療ソーシャルワーカー、管理栄養士、栄養士などとして専門の仕事に就く人がほとんどです。養護教員として小中高校に務めることもあるほか、食品会社など一般企業の研究室で開発・研究に携わる人もいます。

医学

獣医畜産学

どんなことを学ぶのか

狂牛病（BSE）や鳥インフルエンザのニュースが大きく報道されていますが、家畜の病気は、私たちの食生活を脅かすものです。そうした人間にも影響を及ぼす動物の病気のメカニズムや予防・治療の方法を見出し、人間との共生をはかる学問が獣医畜産学です。ペットブームと言われる昨今、飼っているペットの病気治療などで獣医師の役割は年々、高まっています。

●動物を扱うための知識と実践的な技術を習得

「獣医学」は、獣医師養成を目的として6年間学びます。微生物からペット・家畜まで動物の健康を守り、病気の原因と治療法を解明し、治療などを実践する学問です。動物の病気やケガの治療方法などを研究しますが、牛馬や豚など家畜から犬、猫などの小動物、鳥類、は虫類や魚類など幅広い生き物を扱います。人と動物に共通する感染症の研究、医学や生物の実験動物の管理なども含まれます。

「畜産学」は、家畜をはじめ動物資源の保護、育成などに関する学問です。食肉や牛乳、鶏卵、皮革などの畜産物の品質と生産効率を向上させることを目的として、家畜の繁殖や品種改良、飼育環境の整備と衛生、食品への加工、流通といった畜産業全般と技術を総合的に研究します。

家畜を中心とする飼育動物の開発と利用をはじめ、動物の飼育や繁殖のための衛生管理、食肉や乳製品などの生産法を実践的に学びます。

●生態系維持や畜産の経営など幅広く学ぶ

まずは、基礎獣医学として、動物の身体の構造を研究する動物解剖学、生体の働きを学ぶ動物生理学、病気の形態や機能障害などを学ぶ動物病理学などを学習します。

臨床獣医学では、牛馬など家畜を中心とする「大動物」と、犬猫などのペットを中心とする「小動物」という生物種別に研究します。

内臓の病気について扱う動物内科学、手術などを実践的に学んでいく動物外科学、家畜の繁殖について学ぶ家畜臨床繁殖学などもあります。理論科目のほか、動物病院や牧場などの現場実習も含まれます。

「獣医学」では、自然環境の中にいる野生動物の観察、生態系の維持などもっと研究領域は広がっています。

「畜産学」では、畜産物の生産・流通・販売・消費の過程などを研究します。経営についての科目を学ぶこともあり、ペットフード産業などの企業経営法なども学びます。

卒業後の進路

「獣医学科」では獣医師になる人がほとんどです。クリニックを開業するほか動物園や水族館の獣医師、官公庁や自治体の畜産部門や試験研究機関、農業協同組合などに就職するケースもあります。さらには、製薬会社や食品開発関連会社など一般企業にも門戸が開かれています。「畜産学科」の卒業生は、食品産業、食品製造、飼料製造、ペットフードメーカーなど一般企業へ進む人が多く見られます。

大学の学部・学科が、わかりすぎる本

令和5年11月24日初版第1刷発行　　定価はカバーに記載しています。

編著者　みすず学苑中央教育研究所
発　行　みすず学苑中央教育研究所
発　売　株式会社　TTJ・たちばな出版
〒167-0053 東京都杉並区西荻南 2-20-9　たちばな出版ビル
TEL 03-5941-2341（代）　FAX 03-5941-2348
ホームページ https://www.tachibana-inc.co.jp

印刷・製本　三共グラフィック株式会社

ISBN978-4-8133-2759-2

学群	学類	特色
理工学群	応用理工学類	自然科学の原理原則の基に、物質・材料・計測原理を捉え、役立つ機能を持つ電子デバイス、生体機能素子、機能性材料にまで完成させる学問を学ぶ。
	工学システム学類	安心安全であり、快適で豊か、かつ持続可能な社会を工学面から支え牽引できる人材を養成する。「知的・機能工学システム」「エネルギー・メカニクス」の2主専攻がある。
	社会工学類	人間行動が複雑に絡み合う社会的諸問題に関して、工学的なアプローチでその解決方法を考えることができる人材を育成する。「社会経済システム」「経営工学」「都市計画」の3主専攻がある。
情報学群	情報科学類	情報と計算の仕組みを学ぶ「ソフトウエアサイエンス」、計算機とソフトウエアの構成原理を理解する「情報システム」、メディア処理技術の理解を目指す「知能情報メディア」の3主専攻。
	情報メディア創成学類	ネットワーク上を流通するコンテンツを生み出し、活用する技術(コンテンツ・テクノロジー)やコンテンツの蓄積や流通を支える技術(ネットワークメディア・テクノロジー)を学ぶ。
	知識情報・図書館学類	「知識科学」「知識情報システム」「情報資源経営」の3つの主専攻があり、人間・情報技術・社会を主な観点として知識や情報について学び、広い視野と問題解決能力を養成する。
医学群	医学類	基礎医学、臨床医学、社会医学の各領域における研究の実績を活かし、先端的で特色ある研究を推進し、新たな医療技術の開発や医療水準の向上を目指すとともに、次代を担う人材を育成する。
	看護学類	看護専門職者になるための基礎的な科目を「心と行動の科学」「人間と生命科学」「生活支援科学」の3領域から学修する。
	医療科学類	生理機能検査や検体検査をする臨床検査学を修得し、診断や治療に直接必要な臨床医学研究や医学の基盤となる心理を探求する基礎医学研究など、100を超える授業科目を開設する。
体育専門学群	(学類なし)	優れた運動技能と幅広い運動経験を基盤に、体育・スポーツおよび健康に関する総合的な知識と最新の科学的知見を活かし、諸問題の解決をはかる知・徳・体を具備した体育・スポーツ界のリーダーを育成する。
芸術専門学群	(学類なし)	学際的・国際的な視野と確かな学力を持ち、かつ柔軟な発想力と豊かな表現力を備え、創造的活力に満ちた美術およびデザインの専門家を養成する。美術史、芸術支援、洋画、日本画、彫塑、書、版画、構成、総合造形、工芸、ビジュアルデザイン、情報・プロダクトデザイン、環境デザイン、建築デザインの14領域を置く。

東京藝術大学〔2学部・14科〕

学部	科	特色
美術学部	絵画科	日本画、油画、版画、壁画、油画技法・材料の5専攻。
	彫刻科	塑造・テラコッタ、石彫、木彫、金属の4素材領域。
	工芸科	工芸、彫金、鍛金、鋳金、漆芸、陶芸、染織、素材造形(木材・ガラス)の8専攻。
	デザイン科	グラフィックデザイン、情報デザイン、プロダクトデザイン、空間デザイン、環境デザイン、映像、描画、理論などを専門分野とする、合計10の研究室を基盤に構成。
	建築科	「建築の設計」の修得に重点を置き、住宅から学校、都市へと個人の空間から集団の空間へと対象を広げ、化学的知識や思考力を養うとともに、感受性の鋭さや表現の独自性を追求する。
	先端芸術表現科	ドローイング、写真、デザイン、工作・立体造形、身体表現、音楽、映像など多種多様な表現メディアの特性を分野横断的に学ぶほか、フィールドワークや作品制作および「IMA(Inter-media Art)演習」を通して、これからの芸術について理論的・実践的に追究する。
	芸術学科	美術作品の制作を体験し、美学・美術史の知識を身につけ、美術を中心とする諸芸術に関する理論的分析や解釈を深く学ぶことによって、多様な芸術の分野に貢献できる人材を育成する。
音楽学部	作曲科	ヨーロッパ近代音楽の表現法と技法を踏まえて、二重奏曲、声楽作品、室内楽曲、管弦楽曲、卒業作品の作曲が必修のほか、楽曲解析およびヨーロッパ音楽の伝統的技法である和声、フーガ、管弦楽法の実習がある。
	声楽科	個人レッスンを軸に、発声などの声楽技術と音楽表現能力を磨き、「合唱」「声楽アンサンブル」などのアンサンブル授業や「オペラ基礎」「オペラ実習」などの授業を通じて、声楽科としての基礎能力と知識を習得する。
	器楽科	ピアノ、オルガン、弦楽、管楽・打楽、室内楽、古楽の6専攻。
	指揮科	ソルフェージュや和声、スコアリーディングなどの基礎から音楽史、オペラ指揮演習、歌唱および楽器演奏法などを学び、優れた人格と統率力を備えた指揮者を育成する。
	邦楽科	三味線音楽(長唄、常磐津、清元)、邦楽囃子、日本舞踊、箏曲、尺八、能楽、能楽囃子、雅楽の8専攻。
	楽理科	西洋音楽史、日本音楽史、東洋音楽史、音楽美学、音楽理論、音楽民俗学の6分野。
	音楽環境創造科	「創作」「音響」「アートプロデュース」の3分野のプロジェクトから1つを選択、音楽を中心とした新しい文化環境を創造する人材を育成する。

学部	学科	特色
理学部	化学科	物理化学、無機化学、有機化学、生物科学、分析化学の5分野を基幹とし、授業は、講義、演習、実験・計算機実習、特別研究（卒業研究）で行う。
	生物学科	講義、実習、演習を通して、「生き物」の多種多様な生命現象を科学的に解析する能力を養成する。
	情報科学科	情報数理と情報処理の観点から情報とは何かを研究する。数理基礎論や確率序論、離散数学やコンピュータアーキテクチャⅠ・Ⅱは必須科目。
生活科学部	食物栄養学科	栄養化学、臨床栄養学、栄養教育学、応用栄養学、食品化学、食品貯蔵学、調理科学、給食経営管理学、生活習慣病学などを学び、食物栄養学の専門家を育成する。
	人間・環境科学科	生活を取り巻く身近な課題に対し、人間工学・環境工学・建築学・材料物性学・自然人類学など理工学的アプローチから、その解決方法を研究する。
	人間生活学科	法学、政治学、経済学、社会学という社会科学の考え方を学ぶ「生活社会科学講座」と比較文化論、民俗学、歴史学、保育学などを学ぶ「社会文化学講座」からなる。
	心理学科	基礎・実証系心理学と臨床・実践系心理学を融合した領域として、「認知・生物系」「社会・福祉系」「医療・健康系」「発達・教育系」の4系列の専門科目を学ぶ。
2024年度新設構想中：学部学科		人の健康と安全、住まいと建築のデザイン、都市の衛生と持続可能な環境、生活を支える材料などを学問領域とする「人間環境工学科」、および情報・工学技術を用いて、文学・言葉・芸術・歴史・地理などに関する多種多様な情報をデジタル化（収集・生成・可視）し、分析を行い、新たな作品や価値を創出する「文化情報工学科」の2つの学科を擁する【共創工学部】が設置される予定。

筑波大学［9学群・23学類］

学群	学類	特色
人文・文化学群	人文学類	哲学（哲学・倫理学、宗教学）、史学（日本史学、ユーラシア史学、歴史地理学）、考古学・民俗学（先史学・考古学、民俗学・文化人類学）、言語学（一般言語学、応用言語学、日本語学、英語学）の4主専攻。
	比較文化学類	日本・アジア領域、英米・ヨーロッパ領域、フィールド文化領域からなる地域文化研究領野と表現文化領域、文化科学領域、思想文化領域からなる超域文化研究領野で構成する。
	日本語・日本文化学類	グローバルな視点から日本における言語・文化事象を総合的に捉える日本語科目群、多文化共生・日本語教育科目群、日本文化科目群など多彩なカリキュラムを組む。
社会・国際学群	社会学類	社会科学を総合的・専門的に修得するために、社会学主専攻、法学主専攻、政治学主専攻、経済学主専攻の4つの主専攻で構成する。
	国際総合学類	複雑化する国際的な諸問題に対して、鋭い洞察力、緻密な分析力、迅速な情報処理能力の修得を目指す。国際関係学と国際開発学の2つの主専攻からなる。
人間学群	教育学類	「初等教育学コース」「教育学コース」の2コースと「人間形成系列」「教育計画・設計系列」「地域・国際教育系列」「学校教育開発系列」の4系列からなる。
	心理学類	脳と行動の基礎研究から発達臨床や心理カウンセリングに関する実践研究まで、人間を科学的・実証的に分析し理解する専門的な知識や技能を身につける。
	障害科学類	「障害科学」「特別支援教育学」「社会福祉学」の履修モデルを設定する。視覚障害・聴覚障害・知的障害・肢体不自由・病弱の特別支援学校教諭免許状の取得が可能。
生命環境学群	生物学類	2年次から「多様性コース」「情報コース」「分子細胞コース」「応用生物コース」「人間生物コース」「GloBE（Global Biology in English）コース」の6コースに分かれる。
	生物資源学類	「農林生物学コース」「応用生命化学コース」「環境工学コース」「社会経済学コース」の4コースと「食料領域」「環境領域」「国際領域」の3横断領域からなる。
	地球学類	「地球環境学（人文地理学・地誌学・地形学・環境動態解析学・水文科学・大気科学）」と「地球進化学（地史学・地層学・地球変動科学・岩石学・鉱物学・惑星資源科学）」の2つの主専攻・12分野構成。
理工学群	数学類	純粋数学から応用数学まで現代数学の基礎について幅広い知識を習得することにより、高度な論理性や数学的思考能力を身につけた社会の多方面で活躍できる人材を育成する。
	物理学類	自然界で起こるさまざまな現象の基本法則を解明するとともに、宇宙や生命現象にも多様に発展する現代物理学を基礎からしっかりと習得する。
	化学類	自然界における普遍的な法則と未知物質・未知現象の探求、機能性物質の創製と材料開発、環境問題やエネルギー問題の解決、生命現象の分子レベルでの解明などに取り組む。

学院	系	特色
工学院	機械系	機械工学の根幹となる学問領域に加え、制御・ロボット・メカトロニクス、精密工学、機械設計、医用生体・福祉工学、デザイン工学、宇宙工学など幅広い領域を研究対象とする。
	システム制御系	高機能ロボット、次世代自動車、クリーンエネルギーなど、これからの国づくりに欠かすことのできないシステムのモデリング、解析、開発、設計を行う基礎的能力を養う。
	電気電子系	大規模電気エネルギーの発生と制御、電波・通信などの情報伝達システム、コンピュータの基礎となる回路・信号・処理、集積回路、電子デバイスなど多岐にわたる分野を学ぶ。
	情報通信系	携帯電話やインターネットなど通信ネットワークにおいて、通信用集積回路技術から大規模ネットワークシステムに至るまでの広範な領域を学修する。
	経営工学系	生産活動、企業経営、経済システムにおける重要課題を科学的・工学的な視点から捉え、「数理」「経済学」「経営管理学」「管理技術」など幅広いアプローチを駆使して問題解決能力を養う。
物質理工学院	材料系	金属材料、有機材料、無機材料などの幅広い材料学の基礎的知識の修得とともに、革新的工業材料を創出するための知恵と想像力を身につける。
	応用化学系	応用分子化学・化学システム工学・高分子科学などの専門科目群を体系的に学び、「ナノ」の世界から身の回りの化学製品を生み出す「メガ」のプロセスまで、幅広い分野の研究を行う。
情報理工学院	数理・計算科学系	情報化社会の基盤をなす情報の「原理」である数理的基礎、「方法」である情報関連技術を、数理科学と計算機科学という2つのアプローチで解明していく。
	情報工学系	体系化した情報理論から、ソフトウエア、ハードウエア、マルチメディア、人工知能、生命情報解析などの幅広い専門知識を修得する。
生命理工学院	生命理工学系	ライフサイエンスとテクノロジーに関する理工学分野を理学や工学のみならず、薬学や医学、農学の観点から幅広く学ぶことができるのが特徴。
環境・社会理工学院	建築学系	建築意匠、建築史、建築・都市計画、構造・材料、環境・設備、施工に至る幅広い領域を学び、時代や社会のニーズに対応できる建築家、技術者、研究者を育成する。
	土木・環境工学系	社会基盤の整備と運用に関する工学の基礎的専門知識、自然科学に関する基礎知識の修得に加え、高性能シミュレーション技術や高度な実験施設を用いたカリキュラムを設定。
	融合理工学系	化学工学、機械工学、電気・通信工学、土木工学、生物工学、さらには環境政策・計画学、応用経済学、社会学、翻訳学、応用言語学まで包含した広い分野を融合。

東京外国語大学〔3学部・3学科〕

学部	学科	特色
言語文化学部	言語文化学科	専攻言語は、全世界をカバーする15地域・27言語の中から選択。3年次から、地域コースと超域コースの専門領域に進み、各地域の言語や文化そのものを学ぶ。
国際社会学部	国際社会学科	中央ヨーロッパ、東アジアなど専攻地域を選択。2年次秋より地域社会研究・現代世界論・国際関係の各コースに進み、紛争や格差など専門領域について学ぶ。
国際日本学部	国際日本学科	世界の中の「日本」を国際的な視点で捉え直す。政治・経済・社会・歴史、日本文学・文化、日本語を総合的に学び、4年次には1つの分野を専門的に学ぶ。

お茶の水女子大学〔3学部・13学科→4学部・15学科〕

学部	学科	特色
文教育学部	人文科学科	3分野からなる「哲学・倫理学・美術史コース」、史資料に基づき歴史の実像を探る「比較歴史学コース」、地理学の知識と方法を学ぶ「地理学コース」を設定。
	言語文化学科	「日本語・日本文学」「中国語圏言語文化」「英語圏言語文化」「仏語圏言語文化」の4コースがあり、人間の言語活動とそれに基づく文化現象を総合的に学ぶ。
	人間社会科学科	教育科学・社会学・子ども学の3つのプログラムを中心に、哲学・思想、歴史学、文化人類学など多彩な授業科目を通して、幅広い視点から人間を考察する。
	芸術・表現行動学科	舞踊およびスポーツのスペシャリストとしての基礎を学ぶ「舞踊教育学コース」と音楽の学問的研究と演奏の実践的習得を目指す「音楽表現コース」がある。
理学部	数学科	線形代数、微分積分、集合論に始まり、2年次後半からは位相空間論、群論などが導入され、同時に数学のあらゆる分野で必要な代数・幾何・解析の基礎を本格的に学ぶ。
	物理学科	理論分野として、素粒子論・宇宙物理・統計力学・物性理論などを学び、実験分野として、分光実験・極限実験・超電導・ソフトマターなどの領域をカバーする。

学部	学科	特色
理学部	生物学科	人類学を主として学ぶA(Anthropology)系と基礎生物学を主として学ぶB(Biology)系の2コースがあり、4年次には人類学、動物学、植物学の3分野も設置。
	生物情報科学科	「バイオインフォマティクス」「システム生物学」「ゲノム生物学」「オーミクス」をキーワードとし、生命システムを生命科学と情報科学の両面から解き明かす。
農学部	応用生命科学課程	生命化学・工学、応用生物学、森林生物科学、水圏生物科学、動物生命システム科学、生物素材化学の6専修を設置する。
	環境資源科学課程	緑地環境学、森林環境資源科学、木質構造科学、生物・環境工学、農業・資源経済学、フィールド科学、国際開発農学の7専修がある。
	獣医学課程	動物の医学および高等動物の比較生物学という広い領域を学問対象とする。獣医学の基礎科学と応用技術を修得し、動物医療と公衆衛生に貢献する人材を育成する。
薬学部	薬学科	創薬学・医療薬学・社会薬学など薬学がカバーすべき広範な基礎科学の教育に加え、病院や薬局での実践的な教育を通じて、医療薬学の知識と技能および態度を身につける。
	薬科学科	有機薬科学・物理薬科学・生物薬科学など薬学がカバーすべき基礎教育に重点を置き、高い能力を持った研究者、医療行政に貢献する人材を輩出する教育を行う。
医学部	医学科	医学部の基礎および臨床医学研究者を育成する「PhD-MDコース」「MD研究者育成プログラム」「臨床研究者育成プログラム」の3つのプロジェクトがある。
	健康総合科学科	人類生体学や生物医科学などを学ぶ「環境生命科学」、医療倫理学や精神保健学などの「公共健康科学」、看護師免許の受験資格を得る「看護科学」の3専修を設置する。

一橋大学［5学部・6学科］

学部	学科	特色
商学部	経営学科・商学科	商学部として、専門教育課程における経営学・会計学・マーケティング・金融論の4領域が教育プログラムの中核をなす。カリキュラムは各領域の科目が有機的に、かつ年次に合わせて組まれており、すべての学生が全領域の科目を履修する。また、週に一度の「ゼミナール」は、4年間の学部教育のすべての学年に必須科目として組まれている。なお、優秀な学部生に対して、最短5年で学士号と修士号を取得できる「学部・修士5年一貫教育プログラム」がある。
経済学部	経済学科	授業科目を入門・基礎・発展と分ける積み上げ式のカリキュラムが特徴。大学院科目を開放する「5年一貫教育システム」には、公共政策、統計・ファイナンス、地域研究、医療経済、一般の5つのプログラムからなる「5年一貫修士専修コース」と「5年一貫研究者養成コース」がある。
法学部	法律学科	基礎法部門、公法部門、国際法部門、民事法部門、企業法経済法部門、刑事法部門、グローバル・ネットワーク論部門の各学問領域から多彩な科目が組まれ、これらを導入科目・基礎科目・発展科目の3科目群に分類して提示。弁護士・裁判官・検察官などを目指す法曹コースのほかに、法学コース、国際関係コースがある。
社会学部	社会学科	社会理論、文化の社会学、国際社会学など諸科目を学ぶ「社会学研究分野」、文化精神医学、スポーツ社会学などを学ぶ「共生社会研究分野」、日本史、アメリカ史、哲学・倫理学、文芸思想などを学ぶ「歴史社会文化研究分野」、社会人類学、環境と社会研究などを学ぶ「超域社会研究分野」がある。
ソーシャル・データサイエンス学部	ソーシャル・データサイエンス学科	2023年度開設の新しい学部。社会科学とデータサイエンスが融合した新領域の学問。ビジネス領域(経営学、経済学、マーケティングなど)と社会課題領域(法学、政治学など)からそれぞれ少なくとも1つの分野を選択し、併せて、データサイエンス領域(統計学、情報・AI、プログラミング)のすべての分野において、必須科目を含め、系統的な学修を行う。

東京工業大学［6学院・17系］

学院	系	特色
理学院	数学系	古代エジプトやバビロニア以来の長い歴史を持つ学問であり、今日では自然科学のあらゆる分野の共通言語となっている現代数学のさまざまな理論を基礎から学ぶ。
	物理学系	物理学の基礎(力学、電磁気学、量子力学、熱・統計力学など)を系統的に学び、自然科学の先端研究に必要な知識を学修する。
	化学系	自然界における化学現象の基本原理を学ぶとともに、先端的科学の発展に貢献できる能力を身につける。物理化学、無機・分析化学、有機化学分野の必須科目を設置。
	地球惑星科学系	地球深部から、大陸、海洋、大気、惑星、宇宙に至るまでの各領域を、あらゆる科学的手段を用いて追及する。地球の未来と、それに関わる人類の発展に貢献できる人材育成を目指す。

学部	学科	特色
教育学部	総合教育科学科	基礎教育学専修（基礎教育学コース）、教育社会科学専修（比較教育社会学コース、教育実践・政策学コース）、心身発達科学専修（教育心理学コース、身体教育学コース）の3専修5コース体制。
工学部	社会基盤学科	公共という立場から、人、自然、社会を扱う学問としての社会基盤学。設計・技術戦略、政策・計画、国際プロジェクトの3つのコースを設置する。
	建築学科	古建築・集落の保存や復元、超高層建築、住宅生産と自然災害に対する安全性の確保など幅広い建築学の知識・技術と想像力を基に、建築・都市の設計を行う人材を育成する。
	都市工学科	地球環境から人々の暮らしまで、具体的な都市問題や環境問題の実態に触れ、その解決策立案に取り組む。都市計画コースと都市環境工学コースがある。
	機械工学科	数学や熱力学、流体力学、材料力学、機械力学の4力学を柱とする機械工学の基礎科目や、設計工学、生産工学などの応用科目を履修する。
	機械情報工学科	ロボット、知能システム、脳型情報処理、メカトロニクス、バーチャル・リアリティ、ナノマシンなど、機械とコンピュータの融合という新しい分野を追究する。
	航空宇宙工学科	空気力学、構造力学、航空機力学および制御に関する航空宇宙システムコースと推進機関に関する理論体系を柱とする航空宇宙推進コースがある。
	精密工学科	ロボット・人工知能（AI）、脳科学・人間工学、バイオメディカルから、計測・加工、設計・生産に至るまで、未来社会をデザインするための最先端技術を学ぶ。
	電子情報工学科	3年次冬学期から「メディア情報・コンテンツ・人間」「コンピュータネットワーク」「システム・エレクトロニクスA」の3つの履修コースがある。
	電気電子工学科	3年次冬学期から「革新デバイス・光量子」「環境エネルギー・モビリティ」「システム・エレクトロニクスB」の3つの履修コースがある。
	物理工学科	物性理論、固体物理、半導体物理、レーザ、非線形光学、量子情報、生物物理など物性物理全般の基礎から応用を学び、新しい学問と産業を切り拓く人材を育成する。
	計数工学科	数理情報工学コース（計算幾何学、離散最適化、暗号、脳の数理など）とシステム情報工学コース（五感情報処理、生体機能解析、医用・福祉工学など）の2コースがある。
	マテリアル工学科	命と健康を守る「バイオマテリアル」、基礎マテリアルについて学ぶ「環境・基盤マテリアル」、高性能ナノマテリアルについて学ぶ「ナノ・機能マテリアル」の3コースを設置。
	応用化学科	分子自己集合、触媒化学、ナノ材料化学、有機金属化学、高分子材料工学、高性能有機デバイス、表面化学、界面工学、表面分光学などの分野を学ぶ。
	化学システム工学科	環境、エネルギー、医療、材料・デバイス、産業応用、安全・安心など学びは多岐にわたり、分子から地球までを見渡せる「スペシャリストにしてジェネラリスト」を育成する。
	化学生命工学科	生命現象の分子レベルでの解明を基盤とする生命分子・生命システムの創造と応用および高効率・高選択的な新しい有機合成・高分子合成の方法論を学び、超分子・超材料の創造を目指す。
	システム創成学科	人類が直面する環境、エネルギー、食料、人口など諸問題を解決する人材を育成する。環境・エネルギーシステム、システムデザイン＆マネジメント、知能社会システムの3コースがある。
理学部	数学科	現代数学の基礎から数理ファイナンスや暗号理論、コンピュータネットワークや数値計算など高度な数学理論を学び、ものごとの数理的本質を深く洞察する姿勢を身につける。
	情報科学科	情報処理の根本原理の究明、まったく新しい動作原理の計算機の設計、計算機の新しい使い方の提案など、計算機・情報そのものを研究対象とする。
	物理学科	量子力学、統計力学、相対性理論、固体物理学など理論から実験までさまざまなアプローチで自然科学の新しい地平を切り拓く。
	天文学科	位置天文学・天体力学、銀河天文学、計算天文学、天体観測学、太陽恒星物理学、星間物理学、宇宙論などの学問を通して、第一線の研究者や教育者を養成する。
	地球惑星物理学科	物理学を基礎に、地球・惑星・太陽系の現在・過去・未来のすべてを解き明かす。常微分方程式や振動・波動論など地球惑星科学分野必須の学問などを学ぶ。
	地球惑星環境学科	地球惑星とその環境、生命の進化のパターンやプロセスについて、数億年という長い時間軸に沿って理解することを目指す。
	化学科	すべての物質を分子レベルかつ化学的に考察する。無機および分析化学、有機化学、物理化学の各分野での実験を重視、必須科目とする。
	生物化学科	生命現象の普遍的なメカニズムを、分子・遺伝子レベルで解明することを目指す。生化学的な実験や分子生物学的な実験など生物化学実験は必須。

学部	学科	特色
先進工学部	物理工学科	量子力学等の現代物理学を学びながら、物理学のなかでも応用範囲の広い「物質科学」「複雑科学」「エネルギー科学」「ナノデバイス」の4つの分野を研究領域とする。
	機能デザイン工学科	3年次から「メディカル機能工学コース」と「運動機能工学コース」を軸に学び、4年次では「メディカル機能」「知能認識」「運動ロボティクス」の3研究領域から選択する。
経営学部	経営学科	論理的・実証的に考え、企業活動全般を俯瞰できる経営のプロフェッショナルを育成する。経営戦略、マーケティング、会計・ファイナンスの専門コースに分かれる。
	ビジネスエコノミクス学科	経済学、経営学、金融工学、統計学、データ科学を幅広くかつ専門的に学び、数理的解析力とデータ分析力を持つ企業意思決定のスペシャリストを育成する。
	国際デザイン経営学科	これからの経営に必須となるデジタル技術に関する知識を培いながら、先を見通すことが難しい時代を切り拓くデザイン力を備え、創造性と国際性の豊かなイノベーションリーダーを育成する。
理学部第二部	数学科	数学の基礎力を育み、論理的に思考する能力を養成するとともに、マルチメディア時代に対応する情報数学も修得できる充実したカリキュラムを構築する。
	物理学科	原子核・素粒子物理、宇宙物理、統計力学・数理物理、固体物理、生物物理、原子物理・粒子線物理の6つの専門分野に分かれる。
	化学科	無機化学、有機化学、物理化学の3分野があり、1年次は横断的に3分野の基礎を履修し、2年次よりそれぞれ専門分野の知識を深化させるカリキュラムを組む。

国際基督教大学(ICU)〔1学部・1学科・31専修〕

学部	学科	特色
教養学部	アーツ・サイエンス学科	一般教育科目、基礎科目を幅広く学んだ後、2年次終わりに専修分野(メジャー)を決定する。人文科学・自然科学・社会科学の31メジャーから主専攻、副専攻を選択する。メジャーは、美術・文化財研究、音楽、文学、哲学・宗教学、経済学、経営学、教育学、言語教育、歴史学、生物学、化学、物理学、数学、情報科学、法学、公共政策、政治学、国際関係学、言語学、心理学、メディア・コミュニケーション・文化、人類学、社会学、アメリカ研究、アジア研究、開発研究、環境研究、ジェンダー・セクシュアリティ研究、グローバル研究、日本研究、平和研究。

東京大学〔10学部・38学科・3類・3課程〕

学部	学科	特色
法学部	第1類(法学総合コース)	主に公務員を目指す「公共法務プログラム」と主に国際的ビジネスやマネージメントを目指す「国際取引法務プログラム」のプログラムもある。
	第2類(法律プロフェッション・コース)	法曹や企業等における高度な法律専門職を目指すという具体的な進路を想定した特別コース。
	第3類(政治コース)	政治学の学修を中心としつつ自主的な研究力の向上を図ることを目的としていて、リサーチペーパーが必須となっている。
経済学部	経済学科	経済全体の生産活動水準や失業、物価上昇率、経済成長の決定要因に関する理論、さらにはそれらの経済状態をコントロールする政策に係わる分析などを学ぶ。
	経営学科	経営管理、人事や商品開発、市場開拓、さらには財務の方法や資産の運用・調達に関する理論的(ファイナンス理論)方法とその実践、会計制度の歴史的推移などを学ぶ。
	金融学科	金融に関する研究並びに教育を強化し、世界トップ水準の金融研究者の養成と日本の金融界をリードする人材を養成する。
文学部	人文学科	哲学、中国思想文化学、インド哲学仏教学、美術芸術学、英語英米文学、ドイツ語ドイツ文学、日本語日本文学、現代文芸論、社会心理学など27の専修課程がある。
教養学部	教養学科	超越文化科学分科(7コース)、地域文化研究分科(9コース)、総合社会科学分科(2コース)の3分科18コースから構成されている。
	学際科学科	科学技術論コース、地理・空間コース、総合情報学コース、広域システムコースの4つのコースから1つを主専攻として選択する。
	総合自然科学科	数理自然科学コース、物質基礎科学コース、総合生命科学コース、認知行動科学コース、スポーツ科学コースがある。

東京理科大学［7学部・33学科］

学部	学科	特色
理学部第一部	数学科	現代社会を支える科学技術の礎である数学を代数学、幾何学、解析学、確率論・統計学、数学情報教育の各分野を多面的に学ぶことにより、現代数学の基礎を確実に習得する。
	物理学科	宇宙素粒子系・地球惑星系・量子情報系・物質科学系の各専門科目を通して、さまざまな現象・法則の解明に挑む。物理教員育成向けのカリキュラムもある。
	化学科	「無機・分析化学」「物理化学・理論化学」「有機化学」「生化学」「実験化学」の分野を通して、生命・環境等の幅広い分野に対応できる学際的能力を備えた人材を育成する。
	応用数学科	数理データサイエンス分野（数理統計学、多変量解析など）、数理モデリング分野（数値解析、最適化理論など）、知能数理分野（符号理論、人工知能など）を融合的に学ぶ。
	応用化学科	有機化学、無機化学、物理化学の3分野に分かれて教育・研究を行い、バイオ、医薬、環境、エネルギーなど幅広い分野で役立つ応用化学を目指す。
工学部	建築学科	「計画（デザインや平面計画など）」「環境（地域・都市環境の解析など）」「構造（鋼構造や建設材料、防火・耐震など）」の3つの分野で学びを深める。
	工業化学科	有機化学、無機化学、物理化学、化学工学の４本を柱に、基礎から応用までの教育を幅広く行い、化学に基づいた「ものづくり」を実現できる人材を養成する。
	電気工学科	通信、情報、制御、計測、電力、エネルギーなどさまざまな分野に、それを支える材料・デバイスを加えた、幅広い分野の教育・研究を行う。
	情報工学科	現代社会に存在する大量の情報を処理するために必要な高度なセキュリティ技術の開発を通して、安心安全な社会を作り、自然・人間・社会の調和的発展に寄与することを目指す。
	機械工学科	専門科目は「熱・流体工学」「材料・構造力学」「知能機械・機械力学」「設計・製法」の４分野からなる。実験・実習・製図など体験型授業が多いのが特徴。
薬学部	薬学科	徹底した基礎教育、クスリの作用に関する総合情報科学を中心とした薬学専門教育を行うとともに、充実した施設と医療機関との連携による実践的薬剤師職能教育を行う。
	生命創薬科学科	合成化学的手法に加え、科学を駆使した理論的考察を加えて新薬創りを目指す「創薬科学」と生命現象を多面的に学ぶとともに、疾病のメカニズムを追究し、より優れた薬を開発する「生命薬学」の2分野がある。
創域理工学部	2023年度より全10学科11専攻に設けられた、学部4年間と大学院修士課程2年間を一体として教育・研究を行う6年一貫教育コースがある。	
	数理科学科	自然科学と社会科学両面にわたって応用できる数学概念の明確な把握と、理論の正確な運用を目指す。
	先端物理学科	純粋物理学から応用物理学にわたる幅広い分野を含んだ構成で、大別すると、理論物理学と実験物理学に分けられる。
	情報計算科学科	「基礎情報数理系」「情報データサイエンス系」「コンピュータサイエンス系」の各科目がバランスよく重なり合うカリキュラム構成。
	生命生物科学科	生命現象を究明する生物科学とともに医学、食料、エネルギー資源、環境などに関わる科学技術の発展を見据えた教育・研究を行う。
	建築学科	21世紀に活躍する創造性豊かな建築専門家を育てることを目標とする。「計画・設計」「構造」「環境」「材料・防災」の5分野からカリキュラムを組む。
	先端化学科	有機化学、無機化学、物理化学など基礎化学に重点を置きながら、特に材料化学、分析化学など専門分野を教授し、創造性豊かな研究者・技術者を育成する。
	電気電子情報工学科	3年次より、情報通信工学（情報・通信システム）、電気工学（電気・制御システム）、電子工学（エレクトロニクス・マテリアル）の3コースに分かれる。
	経営システム工学科	3年次より、生産システム工学系、経営数理系、社会システム工学系、管理システム工学系、情報システム工学系の5つの領域から専門科目を選択する。
	機械航空宇宙工学科	機械力学、材料力学、流体力学、熱力学の4力学およびメカトロニクスを核とした機械工学の基礎となる学問を修得する。研究領域は宇宙からロボットまで多岐にわたる。
	社会基盤工学科	土木構造物の計画・設計・施工・維持管理に関する知識・技術の修得をはじめ、地震、津波、洪水、地滑りなどの自然災害の防止対策に関する技術開発にも取り組む。
先進工学部	電子システム工学科	エレクトロニクスをベースに、「ICTシステム」「電子デバイス」「コンピュータシステム」「知能制御システム」といった先進工学分野の研究を行う。
	マテリアル創成工学科	物理系、化学系、機械系、電子系からなる学際的な分野の上に、「新素材デザイン」「新機能デザイン」「環境・エネルギー」「航空・宇宙」の4方向から研究する。
	生命システム工学科	「分子生物工学」「環境生物工学」「メディカル生物工学」の3系統を研究フィールドに、生化学、遺伝学、生理学、分子生物学、細胞生物学、有機化学の手法を用いて、幅広い研究を行う。

上智大学〔9学部・29学科〕

学部	学科	特色
神学部	神学科	3年次から、キリスト教教義学や教会史、司牧神学を学ぶ「神学系」、いのちの倫理や社会倫理を学ぶ「キリスト教倫理系」、キリスト教の思想や芸術を学ぶ「キリスト教文化系」の3系列の専門分野に分かれる。
文学部	哲学科	2年次より「哲学思想」(形而上学や自然哲学など)、「倫理学」(西洋倫理思想史や応用倫理学など)、「芸術文化」(美学や芸術学など)の3系列から選択する。
	史学科	専門は、「アジア・日本史系」と「ヨーロッパ・アメリカ史系」の地域別2分野に分かれ、さらに古代・中世・近世・近現代と時代ごとに細分化していく。
	国文学科	古典学を教育・研究の基盤に置き、「国文学」「国語学」「漢文学」の3分野を有機的に関連させながら、自ら研究テーマを決める。
	英文学科	3年次では「British Studies」「American Studies」「Language Studies」の3つの領域コースから選択、文学作品を文化的・歴史的文脈で研究する。
	ドイツ文学科	ドイツ語能力を修得しながら、ドイツ語圏の文学と文化を学ぶ。「ドイツ現代文化論」「ドイツ文化・思想史」は必須科目。
	フランス文学科	「フランス文学研究」「フランス語学研究」「フランス文化研究」の3系列に分かれて、文学・語学・美術・映画・思想・社会など多様な科目を学ぶ。
	新聞学科	ジャーナリズム、メディア・コミュニケーション、情報社会・情報文化の3コースに分かれ、新聞、放送、出版、映画、広告やインターネットなどメディア全般を研究する。
総合人間科学部	教育学科	人間と教育をめぐる諸問題を教育学の観点から研究し、「人間尊厳」の教育を実現する知識と実践力を養う。基礎的領域・実践的領域・国際的領域の3領域を設置。
	心理学科	ロールシャッハ、TAT、実験計画法と分散分析や精神医学・精神分析研究など「実験心理学」と「臨床心理学」の両領域を学べるのが特徴。
	社会学科	社会と人間の相互関係の視点を基本に、ミクロ社会学・マクロ社会学からジェンダーの社会学・逸脱の社会学など、多彩な専門科目を学ぶ。
	社会福祉学科	社会福祉分野科目(児童家庭福祉論など)、福祉臨床系科目(ソーシャルワーク論など)、福祉政策運営管理系(社会福祉行財政論など)の3分野で構成。
	看護学科	「人間と社会/環境」「人間の発達と健康」「人間の健康障害と看護」「場に応じた看護」の各分野を学年を追って学ぶ。助産学専攻科がある。
法学部	法律学科	「憲法」「民法」「刑法」の基礎に加え、政治や国際関係、環境問題など関連科目も充実。司法試験合格に向けての法曹コースもある。
	国際関係法学科	「国際法」「国際政治学」から「英米法」「国際私法」「国際紛争処理法」など専門科目を履修し、国際社会における諸問題に対処する能力を養成する。
	地球環境法学科	温暖化、酸性雨、オゾン層破壊、海洋汚染など地球規模の環境問題を法的枠組みの視点から取り組む。必修科目に「地球温暖化と法」「環境刑法」などを設置。
経済学部	経済学科	経済学の要諦である「論理的思考力」と「経済の実態を数量的に把握する習慣」の修得を軸とし、経済発展論・公共経済学・環境経済学など多彩な専門科目を置く。
	経営学科	経営管理・戦略や企業の組織について学ぶ「経営学系」、市場や消費者、流通について学ぶ「マーケティング系」、企業の定量的な分析に必要な「会計学系」の3つの専門分野がある。
外国語学部	**英語学科・ドイツ語学科・フランス語学科・イスパニア語学科・ロシア語学科・ポルトガル語学科**の6学科で構成する。各学科の学生は、2つの専攻を履修する。「第1主専攻」として、それぞれの学科の言語4技能(話す・聞く・読む・書く)の修得を基に、専攻語圏地域の歴史、政治、経済、社会、言語、文化などを学ぶ。「第2主専攻」で、北米、ヨーロッパ、ラテンアメリカ、ロシア・ユーラシア、言語、アジア、中東・アフリカ、国際政治論、市民社会・国際協力論の9つの研究コースから選択、専門性の高い科目群を履修する。	
総合グローバル学部	総合グローバル学科	グローバルな視点の国際関係論系2領域(国際政治論と市民社会・国際協力論)とローカルな視点の地域研究系2領域(アジア研究と中東・アフリカ研究)を複合的に学ぶ。
国際教養学部	国際教養学科	比較文化(美術史、文学、宗教と哲学)、社会研究(文化人類学、社会学、歴史学、政治学)、国際ビジネス・経済(国際貿易、国際金融など)の3つの専攻分野がある。
理工学部	物質生命理工学科	化学・応用化学、環境・生命、材料・分子科学の3系統と「物質とナノテクノロジー」「環境と生命の調和」「高機能材料の創成」の3つのキーテーマの融合学問を学ぶ。
	機能創造理工学科	機械工学、電気・電子工学、物理学の3学問体系と「エネルギー」「物質・材料・デバイス」「ものづくり・システム」の3つのキーテーマを融合した知識を身につける。
	情報理工学科	キーテーマに「人間情報」「情報通信」「社会情報」「数理情報」の4つを設定。理学と工学の融合「複合知」に基づく人間工学・社会工学・通信工学など幅広い分野を学ぶ。

学部	学科	特色
教育人間科学部	教育学科	「人間形成探求」「臨床教育・生涯発達」「教育情報・メディア」「幼児教育学」「児童教育学」の5コースがある。
	心理学科	認知・発達・社会・臨床の4領域を専門的に学ぶ。「一般心理コース」と公認心理師や臨床心理士を目指す「臨床心理コース」がある。
法学部	法学科	ビジネス、公共、国際、外国法など多様な法分野の科目はもとより、「現代法実務論」や「法学ライティング」など実務、論述力を磨ける専門科目もある。
	ヒューマンライツ学科	「ヒューマンライツの現場」の必須科目から、「戦争・紛争と人権」「貧困と人権」「ジェンダーと人権」、さらに「子どもと人権」「ビジネスと人権」「性的マイノリティと人権」のコア科目を学ぶ。
経済学部	経済学科	ゲーム理論やデータサイエンスなどを学ぶ「理論・数量」、世界経済論や金融論などの「応用経済」、日本経済史や経済思想史などの「歴史・思想」の3コースがある。
	現代経済デザイン学科	公共経済学を柱とする「公共コース（パブリック・デザイン）」と地域経済学を柱とする「地域コース（リージョナル・デザイン）」がある。
経営学部	経営学科	「戦略・マネジメント」「Evidence based Management（EbM）」「会計」「企業・財務分析」の4つの履修モデルを提案している。
	マーケティング学科	「マーケティングと経営」「ダイバーシティとビジネス」「マーケティング企画構想」の3つの履修モデルを提案している。
国際政治経済学部		**国際政治学科**の「政治外交・安全保障コース」「グローバル・ガバナンスコース」、**国際経済学科**の「国際経済政策コース」「国際ビジネスコース」、**国際コミュニケーション学科**の「国際コミュニケーションコース」の3学科5コースを横断した学際教育が特色である。他学科・コースの科目を組み合わせて履修する。
総合文化政策学部	総合文化政策学科	専門科目に、日本芸能論や祝祭論がある「メディア文化」分野、創造都市論や伝統産業論がある「都市・国際文化」分野、メセナ文化論やアートセラピー論がある「アート・デザイン」分野の3コースを設定。文化芸術のエキスパートを育成する。
理工学部	物理科学科	物性物理（高速超電導物質の結晶制御など）、宇宙物理（電磁波観測によるブラックホールの研究など）、生命物理（細胞内の分子運動の解明など）の主要研究領域で学ぶ。
	数理サイエンス学科	物や現象の対称性を数学的に探究する表現論、数理物理学や生物界の複雑現象を数理モデルを用いて解明する生物数学など、最先端の研究を行う。
	化学・生命科学科	生命現象の神秘を有機化学、無機化学、分析化学、物理科学、生命科学の5つの基幹分野から探究する。
	電気電子工学科	物性工学、制御工学、パワーエレクトロニクス系、生体計測工学、信号処理工学、ナノエレクトロニクス、環境電磁工学などの研究領域がある。
	機械創造工学科	「熱力学およびエネルギー」「機械力学および振動工学」「材料力学および機械材料」「流体力学および燃焼工学」「生産加工および工作機械」の5分野がある。
	経営システム工学科	データに基づく思考力を養う「分析技術」、シミュレーション工学やシステム設計を学ぶ「モデル化技術」、アルゴリズム設計やゲーム理論を学ぶ「最適化技術」の3分野がある。
	情報テクノロジー学科	「デジタルメディア／CG・Web」「高度機械学習／AI」「人間情報学／XR」「ロボティクス／IoT」の4領域がある。
社会情報学部	社会情報学科	3年次から、社会科学概論・情報科学概論・人間科学概論の3つの学際領域から2つを選択し、「社会・人間」「人間・情報」「社会・情報」の3つのコースで、より専門性の高い融合領域を学ぶ。
地球社会共生学部	地球社会共生学科	「共生」をキーワードに、「メディア・空間情報」「コラボレーション」「経済・ビジネス」「ソシオロジー」の4つの専門領域を学ぶ。東南アジア地域での半年間にわたる留学プログラムは必須。
コミュニティ人間科学部	コミュニティ人間科学科	「子ども・若者活動支援」「女性活動支援」「コミュニティ活動支援」「コミュニティ資源継承」「コミュニティ創生計画」の5つのプログラムを設定。2年次から各プログラムに地域実習科目がある。

学部	学科	特色
経済学部	国際経済学科	国際経済の基本論理を学ぶ「現代経済分析」、世界秩序面における「開発経済・国際投資」、各地域の経済・文化を学ぶ「地域経済」の3つの科目群がある。
	現代ビジネス学科	国際経済、労働経済、環境経済を学びながら、経済の一主体である企業の経営、会計、ファイナンスへもベクトルを拡げる独特のカリキュラム構成。
社会学部	社会政策科学科	経済学、経営学、行政学、政治学など社会科学をベースに「企業と社会」「サステイナビリティ」「グローバル市民社会」を研究する3コース制。
	社会学科	「人間・社会」「地域・社会」「文化・社会」「国際・社会」の4コース制。社会学の主要理論をベースに現代社会の実態を多角的に捉える知識と方法論を学ぶ。
	メディア社会学科	「メディア表現」「メディア分析」「メディア設計」の3コース制。実践科目では、映像・ウェブ・広告コンテンツ制作などの実習がある。
現代福祉学部	福祉コミュニティ学科	「ウェルビーイング(健康で幸福な暮らし)」をコンセプトに、福祉・地域づくりを学ぶ。「ソーシャルワーク実習」など、多彩なフィールドワークがある。
	臨床心理学科	カウンセリング、心理査定、コミュニティ心理学、森田療法、内観療法、精神分析などさまざまな領域の理論と実践を兼ねた専門教育を受講する。
スポーツ健康学部	スポーツ健康学科	運動生理学を基に学ぶ「ヘルスデザイン」、マネジメントやメディア戦略などを学ぶ「スポーツビジネス」、健康学の理論を基に指導者を育成する「スポーツコーチング」の3つのコースがある。
理工学部	機械工学科	機械工学専修(ヒューマンロボティクス、マテリアルプロセッシング、環境・エネルギー、航空宇宙、材料物性・強度、デジタルエンジニアリングの6コース)と航空操縦学専修がある。
	電気電子工学科	電気エネルギーエンジニアリング、マイクロ・ナノエレクトロニクス、回路デザイン、通信システム、知能ロボットの5コースがある。
	応用情報工学科	情報化社会のキャリアを形成する情報ネットワーク、人間環境情報、社会情報、ユビキタス情報、生体情報、基礎情報の6コースがある。
	経営システム工学科	企業経営の課題を数理学的にアプローチする数理システム、企業システム、社会システム、生産システムの4つの分野がある。
	創生科学科	極小世界としての「物質」、極大世界としての「自然」、社会的世界としての「人間」、人間の情報処理の過程としての「知能」の4フィールドがある。
情報科学部	コンピュータ科学科	「コンピュータで何ができるか」そして「それを実現するための技術」を追究し、計算の高速化、情報の安全・効率化などの技術を研究する。
	ディジタルメディア学科	画像や音声、センサなどの情報データを、CGや生体認証、身体内部や地球の温暖化現象の可視化などに応用する技術を学ぶ。
生命科学部	生命機能学科	「細胞個性学」「分子個性学」の観点から生命の本質に迫り、地球と人類の未来を考える。ゲノム機能、蛋白質機能、細胞機能の3コースがある。
	環境応用化学科	環境やエネルギー問題の化学的解決法について研究する。グリーンケミストリ、物質創製化学、環境化学工学の3コースがある。
	応用植物科学科	植物医科学教育により、「植物のお医者さん」を養成する。植物クリニカル、グリーンテクノロジー、グリーンマネジメントの3コースを設置する。

青山学院大学〔11学部・27学科〕

学部	学科	特色
文学部	英米文学科	イギリス文学・文化、アメリカ文学・文化、グローバル文学・文化、英語学、コミュニケーション、英語教育学の6コースがある。
	フランス文学科	フランス語の基礎力を修得し、2年次から専門教育としてフランスの文学・語学・文化の3つの分野から選択する。
	日本文学科	日本文学・日本語学と中国古典文学や日本語教育学から構成され、「日本文学コース」と「日本語・日本語教育コース」がある。
	史学科	史学入門、史学概論など基礎知識を身につけ、専門コースとして日本史・東洋史・西洋史・考古学の4つのコースから選択する。
	比較芸術学科	「美術」「音楽」「演劇映像」の3つのジャンルにおいて、比較学習・古典重視・鑑賞教育の観点から、芸術的想像力の本質や魅力を学ぶ。

学部	学科	特色
スポーツウエルネス学部	スポーツウエルネス学科	「アスリートパフォーマンス領域」「ウエルネススポーツ領域」「環境・スポーツ教育領域」の3つの領域に分けられる。

法政大学〔15学部・38学科〕

学部	学科	特色
法学部	法律学科	「裁判と法」「行政・公共政策と法」「企業経営と法（商法中心）」「企業経営と法（労働法中心）」「国際社会と法」「文化・社会と法」の6つのコースに分かれる。
	政治学科	伝統的な政治学を超えて、ジェンダーや公共政策、コミュニティ政策、メディア論など実社会で起きている新しい分野の政治課題にも取り組む。
	国際政治学科	互いの歴史、風土、価値を認め合う「地球共生社会」の実現を目指す。アジア国際政治コースとグローバル・ガバナンスコースがある。
文学部	哲学科	「現代思想系」「思想史系」「芸術系」「宗教系」「心理系」「社会系」「語学系」「言語・論理系」「科学論系」など多彩な専門科目がある。
	日本文学科	古典から現代まで文学作品を「文化」の概念で捉える文学コース、古典語・現代語・比較言語などを研究する言語コース、実際に作品に取り組む文芸コースがある。
	英文学科	大きく文学系と言語系の学問分野に分かれ、英文学、米文学、英語学、言語学、実践英語、比較文学などの各専門科目を学ぶ。
	史学科	2年次より日本史（原始・古代から近現代）、東洋史（古代・中世から近現代）、西洋史（古代・中世から近現代）の3つの専攻に分かれる。
	地理学科	「文化・歴史系」「社会・経済系」「自然・環境系」の3群からなり、地誌学概論や地球科学概論、海洋・海水学、気候・気象学、社会経済地理学や文化地理学など専門科目を学ぶ。
	心理学科	心のメカニズムを解明する認知系科目群（精神生理学や行動分析学など）と心の発達過程を考察する発達系科目群（人格心理学や集団社会心理学など）がある。
経営学部	経営学科	組織・人事・会計など経営管理を学び、営業や事務部門のゼネラル・マネジャーを育成、あるいは会計・総務・営業など特定分野のプロフェッショナルを養成する。
	経営戦略学科	国際経営、企業戦略、企業や産業の歴史、経営分析などの能力育成に必要な専門科目を設け、グローバルな戦略策定能力を有する人材を育成する。
	市場経営学科	マーケティング、産業・技術、金融、公共サービスなどに関する専門科目を配置し、各産業に関する専門知識や共通した経営のロジック、分析ツールを幅広く学ぶ。
国際文化学部	国際文化学科	情報文化（文化情報空間論、ゲーム構築論など）、表象文化（五感共生論、映像文化論など）、言語文化（ドイツ語、フランス語など）、国際社会（実践国際協力、途上国経済論など）の4科目群がある。
人間環境学部	人間環境学科	「サステイナブル経済・経営」「ローカル・サステイナビリティ」「グローバル・サステイナビリティ」「人間文化」「環境サイエンス」の5つのコースを設け、環境問題を追究する。
キャリアデザイン学部	キャリアデザイン学科	生き方、働き方、学び方など人生＝キャリアをデザインする日本初の学部。「発達・教育」「ビジネス」「ライフ」の3つの領域を横断的に学び、「自己のキャリア設計」とともに「他者のキャリア形成支援」ができる専門的人材を養成する。
デザイン工学部	建築学科	アーキテクトマインドを基に、建築工学の体系的理解に加え、芸術、文化、歴史、思想、社会、経済をも包括する創造性重視の教育が特徴。
	都市環境デザイン工学科	「都市プランニング系」「環境システム系」「施設デザイン系」の3つの専門科目群を構成する。
	システムデザイン学科	問題発見能力や発想力などを養う「クリエーション」、構想やアイデアを実現する「テクノロジー」、経営戦略などを扱う「マネジメント」を総合的に学ぶ。
グローバル教養学部（GIS）	グローバル教養学科	全講義を英語で実施。一般教養と専門科目の区別はなく、レポートや論文も英語で執筆する。英語そのものに内在する発想や論理的批判的思考を身につけるイマージョン教育が特徴。
経済学部	経済学科	現代経済分析、社会経済・歴史、文化・思想、環境、政策、金融・国際、産業・企業の7つの分野から主専攻・副専攻を選び、履修する。

立教大学〔11学部・27学科〕

学部	学科	特色
文学部	キリスト教学科	世界の歴史や文化に影響を与え続けてきたキリスト教を学問として学ぶ。、音楽、文学、美術や言語、科学など幅広い研究テーマを設定できる。
	文学科	英米文学専修、ドイツ文学専修、フランス文学専修、日本文学専修、文芸・思想専修の5つの専修からなる。
	史学科	「海域」と「大陸」を軸に考察する世界史学専修、時代とテーマを軸に学ぶ日本史学専修、新たな観点から人類文化史を学ぶ超越文化学専修の3専修がある。
	教育学科	3年次より、小学校教師の養成が主目的の初等教育専攻課程と、中学・高等学校教諭1種免許状が取得できる教育学専攻課程に分かれる。
異文化コミュニケーション学部	異文化コミュニケーション学科	英語を含む2つの外国語の聞く・話す・読む・書くという基本技能を身につけ、英語で専門科目を履修することにより、グローバル社会、多文化共生社会で活躍する人材を育成する。
経済学部	経済学科	経済の動きをデータ化する「経済理論科目群」、社会問題を経済の視点から解決する「経済政策科目群」、経済や金融の動きを学ぶ「国際経済科目群」の3つの科目群がある。
	経済政策学科	経済や社会をめぐる政策を「公共サービスと生活」「グローバル化と地域」「競争と規制」という3つのカテゴリーから考究する。
	会計ファイナンス学科	企業の能力を数値化して分析する「会計」、経営の視点から企業活動を分析する「マネジメント」、お金の流れをもとに企業分析する「ファイナンス」の3専門分野がある。
経営学部	経営学科	ビジネス・リーダーシップ・プログラム（BLP）を中心に、「マーケティング」「マネジメント」「アカウンティング＆ファイナンス」「コミュニケーション」の4つの領域からなる。
	国際経営学科	「バイリンガル・ビジネスリーダー・プログラム（BBL）」を基に、専門科目の講義の7割を英語で行う。
理学部	数学科	数学という学問を追求する「純粋数学」をはじめ、数学を実社会で活用する情報サービスや研究などに役立つ「情報科学」を学ぶ。
	物理学科	素粒子・原子核の極小の世界から、地球・太陽系から宇宙の果てまで、宇宙物理学を幅広く学べるのが特徴。
	化学科	1年次から有機・無機などの基礎実験を行い、4年次からは「構造解析化学」「物性解析化学」「反応解析化学」の3つのグループに分かれた研究室に入る。
	生命理学科	生命を遺伝子から研究する「分子生物学」、物質と反応から研究する「生物化学」、細胞やゲノムを研究する「分子細胞生物学」の3つの研究グループがある。
社会学部	社会学科	社会学の幅広い領域を「理論と方法」「自己と関係」「生活と人生」「公共性と政策」「構造と変動」という5つの関係性から研究する。
	現代文化学科	現代社会や文化に関して、「価値とライフスタイル」「環境とエコロジー」「グローバル化とエスニシティ」「都市とコミュニティ」の4領域から学ぶ。
	メディア社会学科	対象分野のメディア、コミュニケーション、ジャーナリズムに関して「社会システムとテクノロジー」「生活世界の経験と歴史」「ジャーナリズムと公共性」の3領域から学ぶ。
法学部	法学科	国内法から外国法、公法から私法、さらに法哲学や法社会学など周辺分野まで学び、法的視点での思考能力（リーガル・マインド）を養う。
	国際ビジネス法学科	国や地域による法律の違いを理解し、企業買収や特許に関わる取引きまで、企業の国際ビジネスに役立つ能力を養う。国際社会で通用する「グローバルコース」がある。
	政治学科	日本や諸外国の歴史、文化、宗教、経済、外交など社会を形成する事柄を幅広く学び、政治学の視点から現代社会が抱えるさまざまな課題に取り組む。
観光学部	観光学科	観光を「ビジネス」「地域社会」「文化現象」の3つを軸に、観光産業の経営、地域振興という2つの視点で捉え、新しい街や文化、ビジネスや感動など新しい価値を創造する。
	交流文化学科	海外フィールドワークや外国語学習などの国際化教育、「トラベル・ジャーナリズム論」「トラベルライティング」など文化を記述する授業が充実している。
コミュニティ福祉学部	コミュニティ政策学科	貧困・格差、過疎化や少子化、空き家・廃校問題などさまざまな生活課題に対し、問題解決能力を養う。2年次からコミュニティ学専修と政策学専修に分かれる。
	福祉学科	福祉に関する国や自治体の法や政策など、政策・行政の視点から社会福祉を学び、ソーシャルワーカーとしての知識、技術、実践力を養う。
現代心理学部	心理学科	基礎心理学・応用心理学・臨床心理学の3領域を軸に、心の機能とメカニズムを科学的に探究する。認知心理学、応用行動分析、心身医学など新領域も学べる。
	映像身体学科	映像系（映画、写真、広告など）と身体系（演劇、ダンス、武術など）の関係性を哲学、社会学、生命科学の多様な観点から学ぶ。

学部	学科	特色
商学部	商学科	アプライド・エコノミクス、マーケティング、ファイナンス＆インシュアランス、グローバル・ビジネス、マネジメント、アカウンティング、クリエイティブ・ビジネスの1学科7コース制。
政治経済学部	政治学科	地域経済、国際経済、政治学と深く結びつく社会学、政治史、政治過程を支える思想など幅広いアプローチ・分析を通して、政治の成り立ちやその過程を解明する。
	経済学科	基礎となるミクロ経済学とマクロ経済学、経済の成り立ちを学ぶ経済史、経済を定量的に理解するための統計的手法、経済政策など幅広く学ぶ。
	地域行政学科	地域を地域コミュニティ・産業社会・行政の3つのカテゴリーから捉え、地域経済・産業・社会の活性化を実践する地域運営のプロフェッショナルを養成する。
経営学部	経営学科	国際経営戦略や人的資源管理、情報・技術マネジメント、会社法、企業者史など幅広い専門科目があり、経営主体の価値向上を探求できる人材を育成する。
	会計学科	会計リテラシー・モデル、経理系モデル、財務系モデル、経営企画系モデル、国際系モデル、公共部門系モデルと将来を見据えた6つの履修モデルがある。
	公共経営学科	公共サービスマネジメント、スポーツ・ウエルネスマネジメント、非営利・ソーシャルビジネス、地域活性化・観光・国際開発の4つの履修モデルがある。
情報コミュニケーション学部	情報コミュニケーション学科	「社会の＜現在＞を捉える」「多様で学際的なアプローチ」「創造と表現」の3つの柱を軸に、社会システム・文化と表象・人間と環境の3フレームの多彩な科目から履修する。
国際日本学部	国際日本学科	「日本と世界をつなぐ」ポップカルチャー、社会システム・メディア、グローバル共生社会、国際文化・思想、日本文化・思想、日本語、英語の7研究領域がある。
理工学部	電気電子生命学科	電子デバイス、情報制御、通信方式などを学ぶ電気電子工学専攻と医工学・脳神経科学など生命科学分野を電気電子工学の視点で学ぶ生命理工学専攻の2専攻制。
	機械工学科	流体力学・熱力学・材料力学・機械力学の主要4力学およびエンジンシステム・計測・制御・ロボットなどの専門科目を学ぶ。
	機械情報工学科	「材料と構造」「運動と振動」「エネルギーと流れ」「情報と計測」「設計と生産・管理」などの専門知識を幅広く学ぶ。
	応用化学科	無機化学・有機化学・物理化学・分析化学・化学工学の化学の5つの基礎から高度な応用化学まで、フラスコからコンピュータまで扱える科学者・研究者・技術者を育成する。
	情報科学科	コンピュータの基礎理論、ソフトウエア・ハードウエア、情報システムについて学ぶ。人文・社会科学、人間科学など他分野との境界領域も研究対象となる。
	建築学科	「歴史・意匠・計画」系、「構造・材料・施工」系、「環境・設備」系の3つの研究分野がある。
	数学科	代数学・幾何学・解析学を基盤に、あらゆる自然現象、社会現象、経済活動などを解き明かす数理的思考力を養う。
	物理学科	自然現象の本質に迫る素粒子物理学、物性物理学、半導体物理学、生物物理学など物理学研究の最先端を学ぶ。
農学部	農学科	「食糧生産・環境」と「総合農学」の2コースがあり、「食糧生産・環境コース」は、JABEE（日本技術者教育認定機構）の認定を受けている。
	農芸化学科	生活に密着した食品や環境問題を最新のバイオサイエンスによって解明する。微生物を用いた環境にやさしい技術の開発など、多様な研究テーマがある。
	生命科学科	動植物や微生物の生命活動を分子レベル、遺伝子レベルから理解することを基盤として、これらを人類が直面している環境や食糧問題などの解決に活用することを目指す。
	食料環境政策学科	「食と農」「環境と資源」というテーマを、経済学、社会学、政策学、経営学、会計学、開発学など社会科学の側面から総合的に考究する。
総合数理学部	現象数理学科	地震・津波などの自然災害、交通渋滞や金融危機といった社会問題、ウイルスと免疫系の戦いなど、日常にある複雑で不思議なあらゆる現象を、数学で解明する。
	先端メディアサイエンス学科	VR、味覚メディア、音楽情報処理、映像画像処理、CGデザインなど実践的なアプローチを通して、人と関わるコンピュータの未来を研究する。
	ネットワークデザイン学科	数理・情報・工学の知識を基盤に、環境エネルギー、情報通信など、AI、IoT、ロボットなどを活用した幅広い分野の次世代ネットワークシステムを学ぶ。

学部	学科	特色
商学部	商学科	経営学、会計学、商業学、経済・産業の4フィールドに、経営・会計、商業、国際経済、計量経済、金融・保険、交通・公共政策・産業組織、労働・社会、産業史・経営史などの専門分野がある。
理工学部	機械工学科	材料力学・マテリアルサイエンス、機械力学・制御・ロボット、デザイン・設計・加工、流体力学・流体工学、熱力学・燃焼工学・電熱工学の5つの研究分野がある。
	電気情報工学科	ナノエレクトロニクスや光エレクトロニクスから生まれる新たなデバイスの開発を基に、回路・情報システムの開発などを学ぶ。
	応用化学科	マテリアルデザイン、環境・分析・化学工学、オーガニックサイエンス、バイオサイエンスの4つの研究分野がある。
	物理情報工学科	物理と数学を基盤とした「ものづくり」のための応用物理学を学ぶ。量子・情報物理、創発物性科学、情報計測・情報制御の3つの研究分野がある。
	管理工学科	「人間」「もの」「情報」「金」をキーワードに、「システムと人間」「応用統計と最適化」「情報科学と人工知能」「経営と経済」の4つの領域を柱にカリキュラムを組む。
	数理科学科	数学専攻と統計学専攻があり、代数学・整数論、数理解析・函数方程式、確率論・エルゴード理論、幾何学・大域解析学、離散数学・計算機数学、統計科学の6研究分野がある。
	物理学科	力学、電磁気学、量子力学、熱・統計力学を中心に学ぶ。物性物理学、理論物理学、レーザー物理学、生物物理学、宇宙物理学、素粒子物理学の6研究分野がある。
	化学科	科学技術の根幹をなす化学の探求と解明、そして創造するサイエンスを学ぶ。物理化学、無機化学、生物有機化学、有機合成化学、材料化学、生命化学の6研究分野がある。
	システムデザイン工学科	独自の発達を遂げてきた個々の要素技術を統合し、技術と技術、技術と人間、技術と社会がより高度に調和したシステムのデザインを研究する。バイオから宇宙まで分野は幅広い。
	情報工学科	コンピュータ科学、メディア工学、通信工学を「情報」の観点から融合的に扱う工学分野で、ソフトウエア、画像・音声・コンテンツなど5つの研究分野がある。
	生命情報学科	生命現象をシステムとして捉え、生命科学の新時代をリードする人材の育成を目指す。発生・生殖生物学、生命分子工学など多岐にわたる研究分野がある。
総合政策学部	総合政策学科	SFCで4年間学ぶ。政策デザイン、社会イノベーション、国際戦略、経営・組織、持続可能なガバナンスの5つの研究領域がある。
環境情報学部	環境情報学科	SFCで4年間学ぶ。先端情報システム、先端領域デザイン、先端生命科学、環境デザイン、人間環境科学の5分野の基盤科目がある。
医学部	医学科	医の倫理、医療人としての責務、患者中心の医療を理念とする「メディカル・プロフェッショナリズム」を6年間一貫して学ぶ。2年次から臨床医学の基礎知識と臨床技能を身につけ、5年次からは臨床実習がある。
薬学部	薬学科	6年制。薬剤師の育成だけでなく、薬学を先導する人材の育成を特に重視する。6年次に、研究アドバンスト、国内アドバンスト実習、海外アドバンスト実習、演習の4コースがある。
	薬科学科	4年制。創薬だけでなく、臨床開発、環境・生命科学などの幅広い分野における薬学研究者、教育者、技術者を育成する。
看護医療学部	看護学科	カリキュラムは、人間・社会科学領域、健康科学領域、看護科学領域、および看護・医療統合分野の統合領域の4領域16分野で構成する。

明治大学［10学部・28学科］

学部	学科	特色
文学部	文学科	日本文学、英米文学、ドイツ文学、フランス文学、演劇学、文芸メディアの6つの専攻があり、言語や文学作品を通じて人間の生き方を探求する。
	史学地理学科	人間社会と歴史に向き合うために文献調査だけでなく、実地調査にも主眼を置く。日本史学、アジア史学、西洋史学、考古学、地理学の5専攻に分かれる。
	心理社会学科	人間の心の問題に向き合う実習・実践的授業に特色があり、臨床心理学、現代社会学、哲学の3つの専攻に分かれる。
法学部	法律学科	ビジネスロー、国際関係法、法と情報、公共法務、法曹の1学科5コース制。2年次より選択コースに進む。3年次の段階でコース変更できるが、法曹コースへの変更は不可である。

学部	学科	特色
基幹理工学部	機械科学・航空宇宙学科	あらゆる産業の基盤となる力学を中心とした機械工学およびこれを基礎とする航空宇宙工学を学ぶ。
	電子物理システム学科	物理学の基礎を学んだ上で、エレクトロニクスなどの基幹技術を学び、さらに電子と光の未来テクノロジーなど最先端の研究を行う。
	情報理工学科	情報機器、インターネット、人工知能、ロボットなど科学技術を推進する最先端情報技術を総合的に教育・研究する。
	情報通信学科	情報通信・放送システムの構成と動作の仕組み、システムを構成する上での原理・原則、情報通信サービスとしてのアプリケーション技術などを学ぶ。
	表現工学科	科学技術と芸術表現の融合による理工学の新たな学問領域の確立を目指し、科学・技術とアート・デザインとの結びつきを研究する。
創造理工学部	建築学科	建築の歴史、建築や都市のデザイン、環境、建築設備、建築構造、材料や建築工法など広範かつ専門的な知識を学ぶ。
	総合機械工学科	環境、エネルギー、医療福祉、高齢者介助といった現代社会が抱える諸問題を解決するための機械の設計原理、研究開発法などについて学ぶ。
	経営システム工学科	生産システム、経営管理システム、数理情報システムの設計・管理・運営の各分野で、実験・演習に重点を置いた教育を行う。
	社会環境工学科	地球規模から地域、生活レベルでの環境と防災、交通や生活環境の社会基盤整備の技術と設計、地域や都市の計画やマネジメントといった分野を学ぶ。
	環境資源工学科	地球・資源、素材・循環、人間・環境という3つの大きな専門分野があり、地球規模での資源の開発・利用・循環と環境保全について研究する。
先進理工学部	物理学科	素粒子・宇宙物理、物性物理、生物物理を3本の柱として教育・研究を行う。
	応用物理学科	物理学と物理数学の基礎を修得の後、計測・情報工学、光工学、物性物理学、複雑系の物理学・統計力学、数理物理、ナノテクノロジーなど幅広い分野を学ぶ。
	化学・生命化学科	原子・分子の立場から、物質の構造・性質・化学反応を理解し、新しい法則の発見、新しい化学反応の開発、新しい物質の創製を目指す。
	応用化学科	物質の変化の仕方（反応）や変化を調べる方法（分析法）を熟知することで、新しい反応や新しい物質を創り出し、快適な生活を実現する役立つ化学を学ぶ。
	生命医科学科	生命現象を科学的に捉え、疾病や傷害、治癒の機構解明や予防・診断・治療など新技術の開発、健康寿命の延伸など、充実した生活の実現に貢献する研究者を育成する。
	電気・情報生命工学科	生命・電気・電子・情報系分野の教育研究を充実・融合させ、最先端分野のテクノロジーを効率的に学べるカリキュラムを組む。
人間科学部	人間環境科学科	人間と環境との関係性をダイナミックに探究する。生物・環境系、社会系、文科系、心理・行動系の4つの学系（領域）で構成されている。
	健康福祉科学科	健康科学・福祉科学を融合させ、新たな健康福祉を創成する。健康・生命系、保健福祉系、医工人間学系、臨床心理系の4つの学系がある。
	人間情報科学科	「情報」という視点から、人間に科学的にアプローチする。情報科学系、教育工学系、認知科学系、コミュニケーション学系、人間工学系の5つの領域がある。
スポーツ科学部	スポーツ科学科	日本のスポーツ界をリードしてきた伝統の学部学科である。自然科学系から人文・社会科学系に及ぶ幅広いスポーツの知識・技術を学ぶ。以下、6つの専門コースがある。スポーツ医科学コース、健康スポーツコース、トレーナーコース、スポーツコーチングコース、スポーツビジネスコース、スポーツ文化コース。

慶應義塾大学〔10学部・22学科〕

学部	学科	特色
文学部	人文社会学科	哲学、史学、文学、図書館・情報学、人間関係学の5学系（17専攻）および自然科学部門、諸言語部門の2部門からなり、2年次より専攻を選択する。
経済学部	経済学科	経済理論、計量・統計、学史・思想史、経済史、産業・労働、制度・政策、現代経済、国際経済、環境関連、社会関連からなる10分野から専門分野を選択する。
法学部	法律学科	憲法、民法、刑法の基礎を学ぶ導入科目、法律学の基本分野からなる基幹科目、応用性の高い展開科目という習熟度別の3区分を設ける。
	政治学科	政治思想論、政治・社会論、日本政治論、地域研究・比較政治論、国際政治論の5系列を設置、現代の政治学の学問領域を網羅する。

巻末特集 首都圏の主な16大学 学部・学科一覧

この情報は2023年4月現在のものです。大学によっては学部の再編や名称変更、新設などで、
内容が異なることがあります。詳しくは各大学のHPなどで確認して下さい。

早稲田大学〔13学部・38学科〕

学部	学科	特色
政治経済学部	政治学科	世界水準の研究に基づくリベラルで先進的なカリキュラムが特徴で、現代政治、比較政治、国際関係、公共政策、政治思想・政治史の5つの領域が設定されている。
	経済学科	経済学的思考法とデータ分析手法を中心に、経済理論、経済思想・経済史、経済政策、国際経済の4つの領域が設定されている早稲田の伝統学科。
	国際政治経済学科	国際社会の諸問題に対し、政治学と経済学に立脚した分析力、応用力、および実行可能な解決策を立案する能力を養成する。
法学部	学部一括募集	学科別はなく、＜法律主専攻＞として司法・法律専門職、企業・渉外法務、国際・公共政策の3つの履修モデルと、＜副専攻＞として英語圏地域研究、ドイツ語圏地域研究、フランス語圏地域研究、中国語圏地域研究、スペイン語圏地域研究、歴史・思想研究、言語情報研究、表象文化研究、政治学研究、経済学研究、商学研究の11の履修モデルが設定されている。
商学部	学部一括募集	専門基礎科目、総合教育科目、外国語科目を履修の上、3年次より専門教育科目として、経営、会計、マーケティング・国際ビジネス、金融・保険、経済、産業の6トラックに所属、各トラックに対応した約60のゼミにて、専門的かつ高度な研究に取り組む。
文学部	文学科	日本の人文科学・社会科学研究をリードしてきた伝統学科である。2年次より下記18のコースに進級する。哲学、東洋哲学、心理学、社会学、教育学、日本語日本文学、中国語中国文学、英文学、フランス語フランス文学、ドイツ語ドイツ文学、ロシア語ロシア文学、演劇映像、美術史、日本史、アジア史、西洋史、考古学、中東・イスラーム研究と学問分野は広範である。
文化構想学部	文化構想学科	2年次より6つの論系に進級する。英語圏文化やヨーロッパ文化などを検証する多元文化論系、衣食住から文学・宗教など複合的に研究する複合文化論系、芸術文化を「メディア」「身体」「イメージ」の切り口から分析する表象・メディア論系、世界と人間の多様性を文芸・文化作品を通して研究する文芸・ジャーナリズム論系、「人間とは何か」に多面的にアプローチする現代人間論系、歴史と理論と実践を通じて新しい社会のあり方を構想する社会構築論系の6つの論系がある。
教育学部	教育学科	教育学専攻(教育学専修、生涯教育学専修、教育心理学専修の3分野)と小学校教員養成を主目的とする初等教育学専攻がある。
	国語国文学科	日本の文学史および言語に関する多彩な科目、中国古典の素養を学ぶ科目がそろう。国語科教員の養成および国語国文学者の人材育成をも目的とする。
	英語英文学科	社会に通用する英語力だけでなく、英米の文学史、文化、言語学、応用言語学から英米の映画・演劇演習に至る高いレベルの専門性を養成する。
	社会科	地理学、歴史学の両分野にわたり学習、研究する地理歴史専修と、社会学、メディア・コミュニケーション学、政治学、法学、経済学など社会諸科学を学ぶ公共市民学専修がある。
	理学科	生物学・生命科学領域における実験実習を重視し、基礎研究能力を養う生物学専修、および地質学・鉱物学・岩石学などを基に宇宙物理学や惑星科学も包含する地球科学専修がある。
	数学科	現代数学の各分野にわたり、数学教員、純粋数学・応用数学の研究者など数学的素養を身につけた人材を育成する。
	複合文化学科	実社会における領域横断的な文化現象を分析し、今日的課題にあらゆる角度から対処できる総合力を養う。
社会科学部	社会科学科	専門分野のゼミは2年次の秋学期から履修でき、選択するゼミが科目履修の中心となる。テーマは社会科学総合分野、政治学分野、法学分野、経済学分野、商学分野、人文科学分野、自然科学分野の7分野で、約60のクラスがある(2022年度)。2年次は専門学習への導入、3年次は総合学習への発展、4年次は専門・総合学習の完成へと進む。
国際教養学部	国際教養学科	専門科目は次の7つのクラスター(科目群)に分類。1 Life, Environment, Matter and Information(生命・環境・物質・情報科学)、2 Philosophy, Religion and History(哲学・思想・歴史)、3 Economy and Business(経済・ビジネス)、4 Governance, Peace, Human Rights and International Relations(政治・平和・人権・国際関係)、5 Communication(コミュニケーション)、6 Expressin(表現)、7 Culture, Mind and Body, and Community(文化・心身・コミュニティ)。
基幹理工学部	数学科	純粋数学の基礎から計算機科学、確率統計等の応用数学、さらにはより高度な数学、数理科学のテーマへと研究の最前線に挑む。
	応用数理学科	先端科学の実験を行う科目も配置され、数学と工学を併せ持った研究者、技術者の育成を理念とする。

巻末特集

首都圏の主な16大学

学部・学科一覧